7371
7345
100% virgin wool
Reine Schurwolle
DMC
7417
7545
7361
Ne pas enlever les étiquettes
MADE IN FRANCE

Les Petits Points de Casa Lopez

ISBN : 2-200-21331-X

Armand Colin Éditeur
5, rue Laromiguière
75241 Paris Cedex 05

5 E

ARTS D'INTÉRIEURS

TEXTE : SOPHIE PELLETIER
CRÉATIONS : BERNARD MAGNIANT-LOPEZ

LES PETITS POINTS DE CASA LOPEZ

PHOTOGRAPHIES : JEAN-MARC LALIER

ARMAND COLIN

DMC®

Sommaire

Bernard Magniant-Lopez.

Préface

La tapisserie à l'aiguille est à la tenture de haute et basse lisse ce que la miniature est au portrait en peinture, une sorte de chef-d'œuvre aux dimensions volontairement réduites, qui met à la portée de l'amateur tous les attraits d'un art à exercer. Dans le canevas, l'aiguille chargée de laine ou de soie de couleur emprunte différents chemins : ce sont les points. Point carré, point des Gobelins, point de poste, demi-point, petit point, point de croix, point de Hongrie, point de natte, point d'arête, point de fougère, leur nombre est impressionnant, leur tracé magnifique. Tout l'art de la tapisserie au point consiste à reproduire, dans un but décoratif, un objet, un élément d'architecture, un animal familier, en mettant en valeur ses caractères essentiels sur un canevas. Ce sont donc les laines, dans le tracé des points, et les couleurs avec le jeu de leurs dégradés, leurs oppositions, leurs conflits parfois, qui vont faire l'ombre, la lumière, le relief, en simulant l'éclosion d'une rose, l'élégante asymétrie des coques d'un nœud de ruban, ou le repos d'un canard dans les roseaux.

Petite fille, je me suis initiée au travail à l'aiguille par cet exercice de style que les jeunes élèves des pensions religieuses accomplissaient lors des cours de couture, l'alphabet au point de croix. J'ai gardé de ce travail le goût de l'ouvrage à l'aiguille et me suis intéressée à l'art de la tapisserie. J'ai admiré ces grands peintres qui, maîtrisant leur art à la perfection, se sont essayés, comme on relève un défi, à la transposition de leur peinture dans ces immenses tentures dont la souplesse et la flexibilité représentent une imparable contrainte imposée par la matière elle-même. Je pense à l'éclosion de ces ateliers de tissage, à Mantoue, à Venise, à Ferrare où l'Italie avait importé pour notre plus grande gloire le savoir-faire des lissiers flamands. Raphaël, Jules Romain, le Titien, Véronèse cédèrent à leur tour à la tentation de faire tisser leurs peintures, et d'en remplacer les cadres de bois sculpté par ces extraordinaires bordures ou s'entremêlent fruits et fleurs, vases et feuillages, cartouches et putti.

Dans les maisons que j'ai habitées et dans celles qui sont miennes aujourd'hui, j'ai toujours voulu que damas, velours, soie se mélangent au travail à l'aiguille, dans les sièges, sur les coussins, les tapis et les coffres. C'est la raison pour laquelle je suis heureuse aujourd'hui de présenter ce livre qui met en scène les réalisations de Casa Lopez. Les innombrables possibilités offertes par les modèles, la joie de les broder au jour le jour, de choisir les couleurs en harmonie avec l'idée décorative que l'on construit, font partie de mes plaisirs personnels en décoration.

Ce livre a le mérite d'expliquer le travail à l'aiguille et de célébrer avec beauté et intelligence les plaisirs de la création, où l'imaginaire tient tant de place. Que Casa Lopez continue de nous faire rêver, de nous enchanter et de nous mettre toutes au travail pour la plus grande joie de ceux qui fréquentent nos maisons !

PRINCESSE MARIA-PIA DE SAVOIE

Introduction

■ Chasuble en damas de soie et tapisserie au point de croix, Hongrie, XIXe siècle (collection particulière).

On peut s'étonner de l'emploi du même terme, tapisserie, pour désigner deux façons très différentes : le travail à l'aiguille sur canevas et la tapisserie de haute ou basse lisse. La tapisserie proprement dite est un tissage réalisé sur métier, dans lequel le fil de travail est un fil de trame coloré, passé à la navette entre les fils de chaîne tendus sur le métier, soit dans le sens vertical (haute lisse), soit dans le sens horizontal (basse lisse). Le décor est donc effectué en même temps que le tissu. La tapisserie au point est, elle, de tout autre nature puisque le fil de travail coloré est passé à l'aiguille sur un tissu préexistant, le canevas, parfois tendu sur un cadre.

D'un point de vue strictement technique, il serait donc plus juste de rapprocher la tapisserie à l'aiguille de la broderie. Pourtant l'appellation tapisserie peut tout à fait se comprendre, car le travail dit « au point » montre des similitudes avec la véritable tapisserie : d'une part, le décor de l'un comme de l'autre est effectué à la main et constitue la trame de l'ouvrage, en considérant, pour la tapisserie à l'aiguille, que le canevas joue le rôle de chaîne ; d'autre part, dans les deux cas, le décor recouvre totalement le support, et la surface travaillée est « tapissée » sans intervalles, par opposition à une simple broderie, où le support reste apparent en de nombreux endroits.

Disons, pour satisfaire puristes et esthètes, que le travail au petit point est un genre intermédiaire entre tapisserie et broderie ; ce que l'on peut vérifier en parcourant l'histoire de ces trois techniques intimement liées.

L'origine de la tapisserie à l'aiguille

Les peuples de l'Antiquité savaient broder les étoffes et varier les couleurs. Il suffit pour s'en convaincre de lire les passages de la Bible dans lesquels Moïse, parlant des voiles du tabernacle, ordonne à son peuple de les tisser de lin retors, de pourpre, d'écarlate et de cramoisi, parsemés de fils d'or et de pierreries. Outre les Hébreux, d'autres peuples de l'Antiquité excellaient dans l'art de la broderie, comme en témoignent de nombreux récits. La persévérance, la constance et l'ingénieuse tromperie de Pénélope, défilant la nuit l'ouvrage qu'elle avait brodé le jour, sont restées célèbres. Le texte d'Ovide évoquant la compétition entre Athéna et Arachné dans l'exécution d'une tapisserie est un double témoignage : d'une part cette compétition trouve sans doute son origine dans la rivalité de deux peuples, les Lydiens et les Grecs ; d'autre part, Ovide décrit avec précision le travail de tissage et de broderie des deux rivales, citant l'utilisation d'un métier du même type que les nôtres. La victoire sera lydienne : ceci s'explique par le fait que les tissus brodés d'Orient, et d'Asie Mineure en particulier, étaient supérieurs à ceux de l'Attique ; on les recherchait sur tous les marchés grecs, et ils passaient pour inimitables.

En effet, Babylone, l'Assyrie et la Perse dominèrent par leurs broderies le marché international pendant plus de deux mille ans. Mais il ne reste de cette richesse que des documents figurés, où il est parfois difficile de distinguer entre la broderie et les décors tissés.

L'influence constante que l'Orient a exercée sur l'Occident dans l'art textile s'explique de plusieurs façons : les pays orientaux produisaient la soie et pratiquaient tous les raffinements de la teinture ; la main-d'œuvre y était d'autre part extrêmement qualifiée. La vogue des tapisseries de Babylone et d'Alexandrie devint générale au début de l'ère chrétienne ; la domination de Constantinople acheva d'assurer l'influence orientale. Les éléments décoratifs mettaient alors en scène d'innombrables animaux et fleurs stylisés, et le luxe atteignait un raffinement inconnu : la soie et l'or n'y suffisant plus, on ajouta aux broderies des pierres de couleur.

La tapisserie (au sens large du terme, c'est-à-dire la tenture ornée), dont l'usage fut encouragé par l'Église, rivalisa bientôt avec la mosaïque et l'orfèvrerie. Des tentures luxueuses gagnèrent la Gaule et la Grande-Bretagne. L'Église tolérait l'ornementation fantastique et orientale, malgré son caractère profane, à cause de sa richesse. Les sujets les plus fréquents des tapisseries étaient empruntés au Nouveau Testament. Mais on employait alors surtout la broderie ; la haute lisse n'était guère pratiquée pendant le haut Moyen Âge qu'en Perse et en Égypte.

Le chef-d'œuvre du Moyen Âge est la fameuse tapisserie de Bayeux, ou tapisserie de la reine Mathilde, qui représente la conquête de l'Angleterre par les Normands. Il s'agit en fait d'une broderie ; cependant, par sa conception d'ensemble, elle constitue la première œuvre importante dans l'esprit de la tapisserie de l'Occident. Ses proportions (70 m de long sur 50 cm de large), l'ampleur du récit (58 scènes et plus de 530 figures), le dynamisme de ses figures annoncent la maîtrise d'un nouveau genre, tel qu'on le retrouve ensuite dans les tapisseries européennes. Ce chef-d'œuvre était destiné à la cathédrale de Bayeux pour y être tendu sur les murs de la nef. L'essor de la tapisserie sera en effet lié aux progrès de l'architecture, et à la demande créée en matière de décoration par la multiplication des bâtiments gothiques.

Le développement

C'est au XVIe siècle que la tapisserie à l'aiguille, telle que nous la connaissons aujourd'hui, se développe. L'essor des commandes par les grands de l'époque permet à de nombreux ateliers d'exister. On utilise non seulement le petit point, mais aussi le point de Hongrie et le point des Gobelins. Cet art se féminise avec l'engouement des nobles dames, alors qu'au Moyen Âge, les travaux textiles étaient toujours exécutés par des hommes formés à la technique du tissage et de la broderie. Ainsi, peu à peu, va s'installer le caractère typiquement féminin de la tapisserie sur canevas, qui devient non plus seulement un passe-temps, mais aussi un élément indispensable de l'éducation des jeunes filles bien nées.

Avec le XVIIe siècle, l'usage des tapisseries à l'aiguille se multiplie : elles garnissent fauteuils, baldaquins, coussins, portières...

Sous Louis XIV, les fastes de la cour exigent une opulence à laquelle la tapisserie au point saura répondre ; madame de Maintenon, pionnière de cet art, exécute elle-même une parure de lit pour le roi. Elle fonde d'ailleurs un atelier de tapisserie à l'aiguille dans la célèbre maison de Saint-Cyr, où l'on invente le « point de Saint-Cyr », c'est-à-dire le petit point tel qu'on le connaît actuellement.

Sous le règne de Louis XV, la tapisserie à l'aiguille continue de faire fureur et devient une véritable passion : toutes les grandes dames s'y adonnent avec ferveur, et les meubles tapissés au petit point sont innombrables. La toile de chanvre (ancêtre du canevas, dont le nom tire d'ailleurs son étymologie du mot « chanvre ») est remplacée par un canevas unifil.

Le XIXe siècle marque un tournant important dans l'histoire du petit point. C'est en effet l'époque de la révolution industrielle en Europe, et la société connaît alors de profonds bouleversements : de nombreuses femmes deviennent citadines, et veulent goûter aux joies des passe-temps de salon ; elles doivent aussi faire face à leurs nouveaux devoirs sociaux. Dans l'éducation traditionnelle des jeunes filles, l'art de la tapisserie à l'aiguille est un élément indispensable. D'autre part, à l'heure où le rendement devient une notion primordiale dans l'industrie, le *Berlin work* applique cette notion aux travaux domestiques, et son nom se substitue même à ce que l'on appelait jusqu'alors le travail au point. Il s'agit d'une technique de reproduction d'un dessin sur une grille où chaque carré représente un point de broderie. Ces modèles étaient largement diffusés par des albums et les revues féminines, et constituaient une source d'inspiration d'autant plus appréciable qu'elle induisait un phénomène de mode. Ils connurent un très vif succès en Europe mais aussi en Amérique. Ils permirent à la tapisserie à l'aiguille de se développer dans les foyers, à l'heure ou l'industrie délaissait quelque peu cet art pour se consacrer à la production de toiles imprimées. À cette époque également est inventé le canevas double fil dit « Pénélope », qui, par la facilité de son emploi, permet de travailler plus rapidement.

Le renouveau du petit point

Mais qu'est-ce qui fait donc broder les gens aujourd'hui ? Nos grand-mères en sont les premières étonnées : « Tiens, tu brodes, toi ?... » Comme si la vie moderne avec ses fax, ses rendez-vous enchaînés, ses déplacements de plus en plus lointains et de plus en plus rapides, son souci du rendement à outrance, était tout à fait incompatible avec une activité aussi lente, gratuite, inutile même diront certains, que la tapisserie à l'aiguille.

Eh bien, justement : ce nouvel engouement pour la tapisserie à l'aiguille que manifestent des personnes très différentes, certaines exerçant d'ailleurs des métiers à haute responsabilité avec les emplois du temps les plus chargés, ne serait-il pas le régulateur d'une existence surmenée, le genre de passe-temps qui ramène à une vie plus simplement rythmée par le soleil qui se couche, l'heure des repas, le plaisir de faire quelque chose de ses mains pendant que l'esprit est libre de rêver ou de méditer ? Il est certain que l'une des raisons du succès de la tapisserie à l'aiguille réside dans ce qu'elle apporte de détente et d'apaisement. C'est d'ailleurs ce qu'exprime non sans humour Bernard Magniant-Lopez, créateur de Casa Lopez et lui-même grand adepte du canevas, en disant : « Remplacez votre tranquillisant du soir par un quart d'heure de petit point,

■ Dans la maison de Bernard Magniant-Lopez sur l'île de Ré, une atmosphère accueillante et raffinée teintée de bleu et blanc : les coussins sont inspirés de différents motifs de faïences et de porcelaines ; les fauteuils sont recouverts du motif *Gift* (voir p. 135 les explications pour exécuter le même motif en vert et rouge) ; enfin, le tapis reproduit un dessin d'*azulejos*.

vous obtiendrez le même résultat, ça vous coûtera moins cher, et en plus, il n'y a pas d'effet secondaire ! » Le travail manuel, tout comme la pratique d'un sport, est sans aucun doute un facteur d'équilibre, et, s'il est lié à un plaisir esthétique, il n'en est que plus relaxant.

Outre ses vertus thérapeutiques, le petit point a bénéficié d'un phénomène de société qui a vu se modifier les attitudes vis-à-vis de la décoration intérieure. Tous actuellement, jeunes ou moins jeunes, aspirent à la tranquillité, au bonheur d'être à la maison avec un bon livre, de se réfugier dans un univers intime et chaleureux. Et puis, les traditions reviennent en force : on se remet à faire de la vraie cuisine, le week-end on va chiner chez les brocanteurs ; on achète davantage dans un souci de qualité, que ce soit ses habits ou ses légumes. Chez soi, on a envie d'un décor personnalisé, construit à son image, un décor où s'intégreront parfaitement coussins ou tapis brodés à la main. C'est dans cet esprit, avec l'ambition d'apporter à chacun la possibilité de personnaliser son environnement intime, que Casa Lopez a créé ses modèles de broderie au petit point.

À propos de Casa Lopez

Ce tapis d'inspiration marine, une des dernières créations de Casa Lopez, a été réalisé non pas au petit point mais au point de croix sur un gros canevas Pénélope.

Casa Lopez existe maintenant depuis dix ans ; la société a vu le jour grâce à Bernard Magniant-Lopez et à son goût très sûr en matière de décoration. Son activité démarre avec la création de tapis à un moment ou le marché n'offre aux décorateurs amateurs ou professionnels qu'un choix restreint, du point de vue de la création comme de la qualité. Grâce à des collections d'inspiration variée, ces tapis personnalisés répondent à une forte demande, et offrent de multiples possibilités : tapis sur mesure, aux couleurs du client, coordonnés... Casa Lopez devient ainsi en peu de temps l'un des *show rooms* représentatifs de la décoration intérieure française, au même titre que les plus grands noms de l'ameublement.
Puis, à la fois par goût et par envie personnelle, Bernard Magniant-Lopez décide de renouer avec une technique ancienne et crée, dans un même souci de qualité et d'élégance, une ligne de tapisseries au petit point qui connaît bientôt un vif succès. En effet, le public retrouve dans cette collection tous les atouts qui lui ont fait aimer les tapis Casa Lopez : l'inspiration des motifs, à la fois moderne et mêlée de tradition revisitée, le caractère exclusif des créations ; bref tout ce qui en fait la matière première d'un décor de maison à vivre.

De telles créations méritent un écrin de qualité, et c'est pourquoi la première boutique Casa Lopez s'ouvre galerie Vivienne, un lieu magique où se mêlent les charmes du passé et l'attrait d'un présent imaginatif et créatif, évoqué par les boutiques luxueuses qui y sont installées. Il existe maintenant deux autres boutiques Casa Lopez à Paris (voir les adresses p. 176), et les productions de la maison sont par ailleurs distribuées par les professionnels de la décoration partout en France.
Une des grandes réussites de Casa Lopez est d'avoir su créer une collection très variée dans son inspiration : on y trouve en effet des décors traditionnels, comme les compositions de fleurs, d'autres tout à fait originaux, comme le nœud de taffetas, qui s'apparente à la technique du trompe-l'œil, ou bien encore les potiches chinoises qui trouveront parfaitement leur place dans la grande tendance actuelle des décors blanc et bleu.
L'autre point fort de cette collection est d'être très homogène : il a été facile, en effet, de la regrouper en familles, à l'intérieur desquelles les motifs se coordonnent parfaitement. Libre à vous de les associer en une profusion de coussins ou de les réunir en un grand tapis : toutes les conjugaisons sont possibles !

LES PORCELAINES ET LES FAÏENCES

Les motifs présentés ici, inspirés de dessins de porcelaines et de faïences, sont parmi les plus faciles à exécuter. Tout d'abord parce qu'ils n'utilisent que peu de couleurs (pour la plupart un camaïeu de bleus et de blancs), ensuite parce qu'ils ne comportent pas de mise en relief par un jeu d'ombre et de lumière, difficile à réaliser au petit point car demandant une grande précision. Seuls les motifs « orientaux » sont plus compliqués : les mosaïques sont très colorées, mais leur dessin géométrique sera facile à reproduire ; les vases de Topkapi comportent chacun une pyramide de fruits, et constitueront une bonne introduction aux ouvrages plus compliqués inspirés de la nature.

La Chine

■ Double page précédente : Sur ce large canapé simplement recouvert de toile écrue, un pêle-mêle de coussins inspirés des porcelaines chinoises. De gauche à droite : assiette Bord bleu, Shanghaï, assiette Dragon, Canton, Potiche à couvercle, assiette Pagode, Pékin, assiette Poissons. Sur le tapis, les motifs Shanghaï et Canton sont repris.

■ Ci-contre : Quelques coussins sur un banc de tek donnent à ce simple goûter un air de fête. De gauche à droite : Shanghaï, Canton, Pékin. Le couvre-théière s'inspire, lui, d'un motif XVIIIe siècle des manufactures européennes de porcelaines.

Lorsqu'on aborde le sujet de la porcelaine et de la faïence, on se doit de laisser la place d'honneur à la Chine : les Chinois sont en effet les inventeurs de la porcelaine, qu'ils commencent à fabriquer un peu avant le IXe siècle de notre ère, à partir d'une argile blanche d'une nature particulière : le kaolin. Cependant, il faudra attendre le XIVe siècle pour assister à un développement considérable de la technique, notamment avec l'avènement des fameux décors bleu et blanc. Certaines de ces pièces, importées en Italie par les négociants, via Venise, susciteront bientôt l'admiration générale. L'admiration tient même de la vénération, puisque, loin de se douter que la porcelaine n'est qu'un dérivé d'éléments tout à fait naturels, on lui prête alors toutes sortes de vertus magiques, comme celle de se briser lorsqu'on y verse du poison !

L'influence des bleus de Chine sur l'industrie des faïences et des porcelaines est considérable en Europe et dans tout le bassin méditerranéen. Ils inspirent la création des Iznik d'Istanbul, des faïences espagnoles, portugaises et hollandaises (*azulejos* et bleus de Delft), et de la porcelaine délicate de France et d'Allemagne.

DMC Laine Colbert	□ *Blanc*	× *7311*	· *7510*
	● *7590*	⁄ *7316*	

Canton

DMC Laine Colbert	□ *Blanc*	× *7311*	· *7510*
	● *7590*	⁄ *7316*	

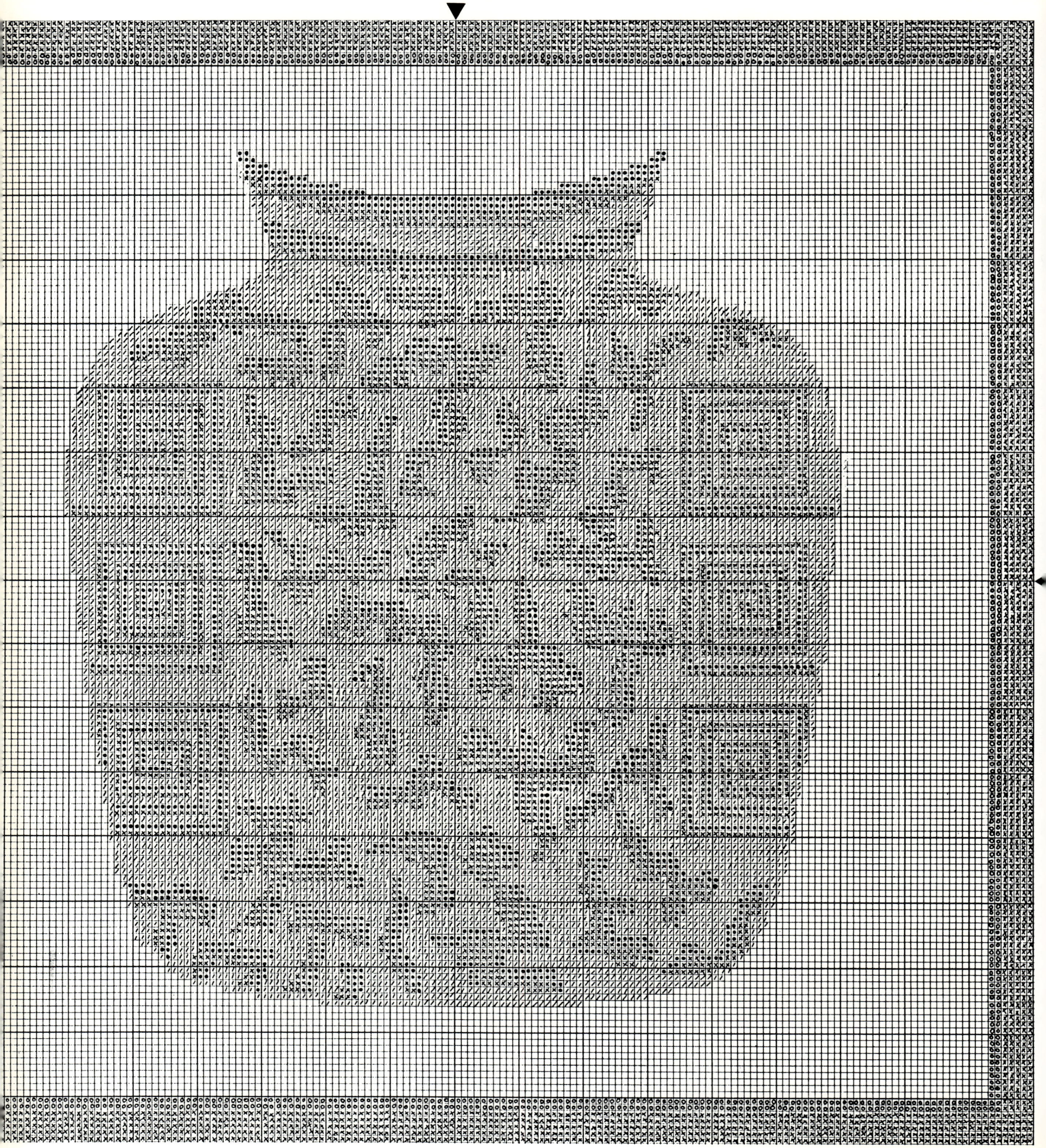

DMC Laine Colbert	□ *Blanc*	× *7311*	⁄ *7510*
	● *7590*	○ *7316*	

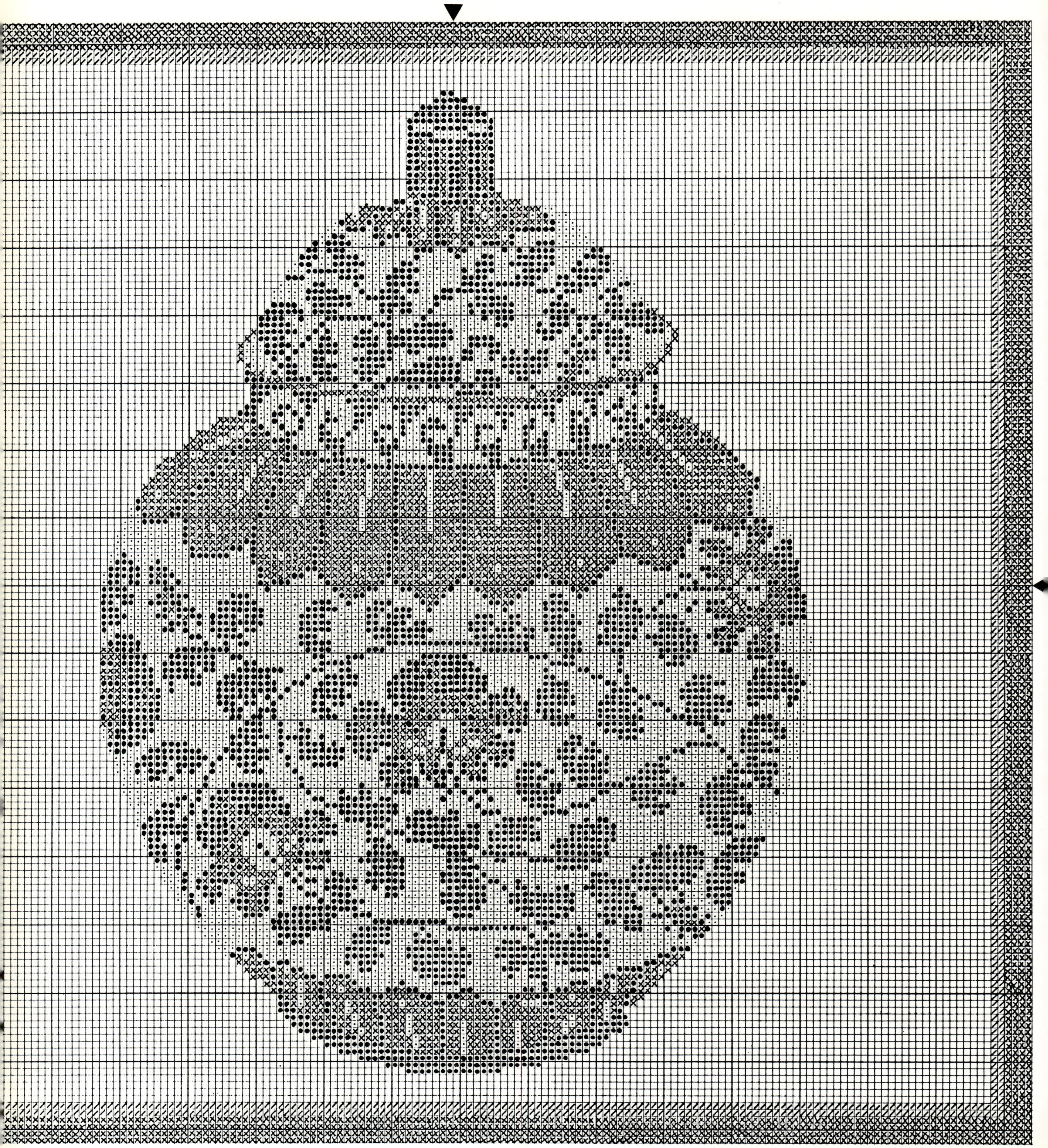

Pot à gingembre

DMC Laine Colbert	□ Blanc	× 7311	· 7510
	● 7590	⁄ 7316	

Potiche à couvercle

DMC Laine Colbert	□ *Blanc*	× *7311*	ǀ *7314*
	● *7590*	⁄ *7316*	· *7510*

Assiette pagode

L'alignement de coussins crée ici un amusant effet de trompe-l'œil entre vraies et fausses assiettes : Dragon, Poissons, Bord bleu et Pagode. Le tapis reprend, lui, le thème des vases chinois Canton, Shanghaï et Pékin.

DMC Laine Colbert

□ *Blanc*	× *7311*	ǀ *7314*
● *7590*	⁄ *7316*	· *7510*

DMC Laine Colbert	□ *Blanc*	× *7311*	ǀ *7314*
	● *7590*	⁄ *7316*	· *7510*

DMC Laine Colbert	□ *Blanc*	× *7311*	– *7314*
	● *7590*	⟍ *7316*	· *7510*

Assiette à bord bleu

DMC Laine Colbert	□ *Blanc*	× *7311*	– *7313*
	● *7299*	⁄ *7316*	· *7300*

LAC CHINOIS

DMC Laine Colbert	□ *Écru*	× *7555*	· *7302*
	● *7591*	⁄ *7241*	

■ Page de gauche : Cette simple console est le point de départ d'un décor raffiné où sont mêlés *azulejos* portugais et porcelaines de Chine. Sous la console, un coussin au motif Lac chinois.

■ Ci-dessus : Un couloir étroit est transformé par un grand motif de potiche chinoise au pochoir. Sur les coussins, Potiche à couvercle, Pot à gingembre, Canton, Coquillage, Pékin.

L'Orient

Au mur, les cartons originaux des motifs Topkapi ; sur le canapé, leur transcription fidèle sur canevas : Pêches, Grenades et Pommes.

La collection Topkapi est ainsi nommée car les motifs en sont inspirés de dessins des fresques qui décoraient la salle à manger du palais de Topkapi à Istanbul, résidence des sultans de l'Empire ottoman. À la fin du XVe siècle, aux environs d'Istanbul se trouvaient plusieurs manufactures de poteries qui produisirent des coupes semblables à celles de nos motifs, des carreaux de céramique et d'autres produits appelés « Iznik », du nom de la ville où ils furent fabriqués. Ce sont d'ailleurs ces mêmes Iznik qui influenceront les *azulejos*, à la suite de l'invasion du Portugal par les Maures.
Les mosaïques aux motifs islamiques, Perse, Byzance et Hauteville, appartiennent à un style très en vogue au XIXe siècle grâce au mouvement orientaliste, et surtout à Pierre Loti et à ses écrits sur Istanbul.

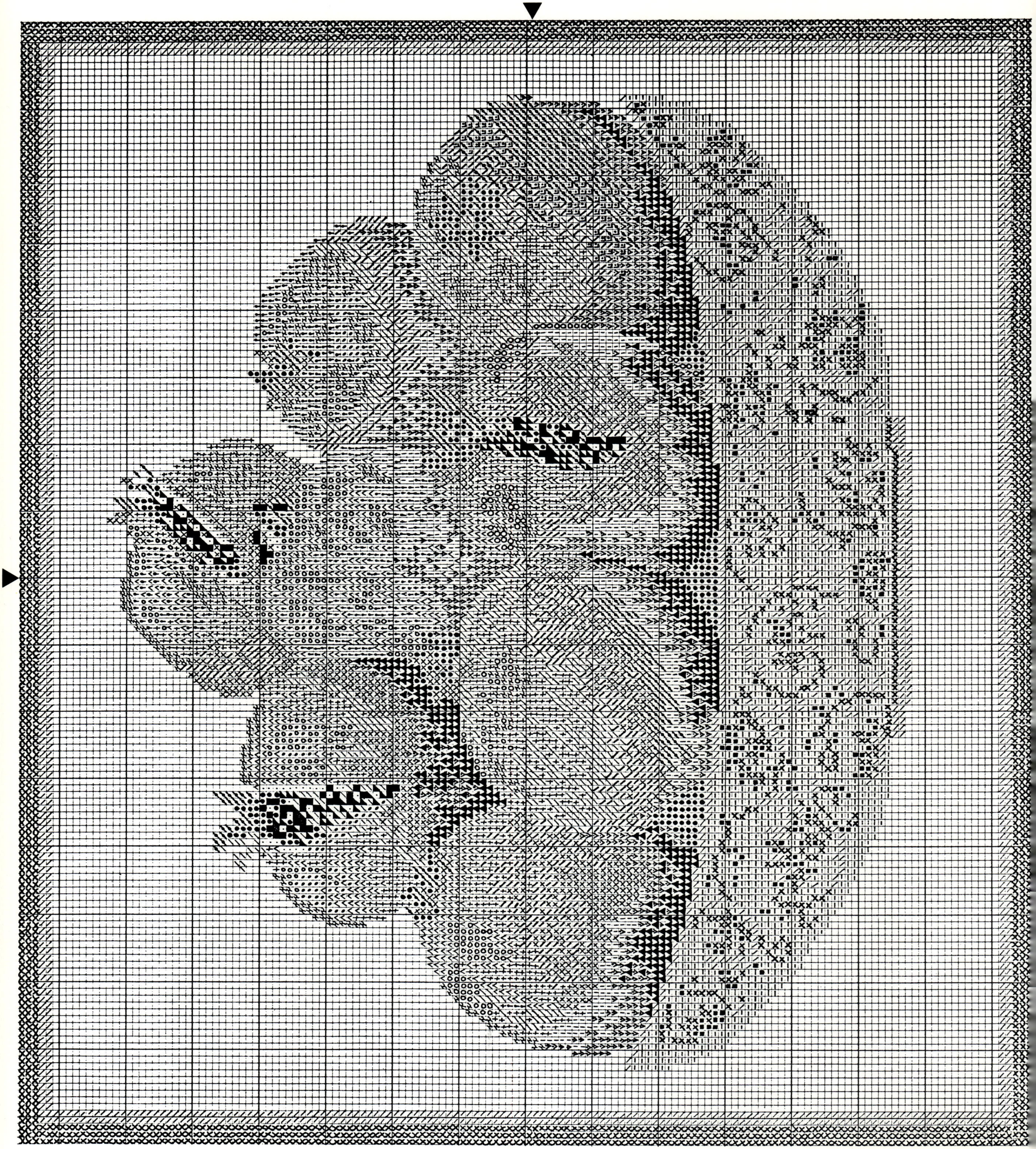

TOPKAPI GRENADES

DMC Laine Colbert

□ *7618*	⌿ *7432*	× *7466*	◤ *7196*	∧ *7164*	♡ *7394*	■ *7167*	ǀ *7870*	+ *7174*	▪ *7590*	– *7510*	⊹ *7494*
● *7469*	╲ *7146*	⁄ *7465*	∟ *7168*	· *Blanc*	ǃ *7148*	• *7492*	✕ *7311*	∖ *7316*	▲ *7379*	○ *7503*	

TOPKAPI PÊCHES

DMC Laine Colbert

□ 7282	⁒ 7207	+ 7304	Z 7759	∧ 7692	∨ 7335	▫ 7311	− 7510	○ 7199	· 7170
● 7372	╲ 7316	∕ 7221	⫽ 7202	■ 7308	ı 7370	▼ 7428	✕ 7758	△ 7690	

TOPKAPI POMMES

DMC Laine Colbert

□ 7618	⁄ 7769	÷ 7327	✕ 7311	V 7355	I 7384	■ 7538	· 7422
● 7890	╲ 7316	∟ 7363	/ 7386	▪ 7590	– 7510	▲ 7359	

DMC Laine Colbert

● 7469	⁒ 7449	× 7497	− 7504	+ 7591
△ 7385	/ 7758	∧ 7703	∨ 7370	· 7282

■ Double page précédente : Les couleurs chaudes des mosaïques orientales (Hauteville, Perse et Byzance) sont en parfaite harmonie avec un meuble en marqueterie, des bibelots à pampilles et des rideaux de soie.

HAUTEVILLE

DMC Laine Colbert

□ *Écru*	⁒ *7336*	– *7208*	V *7384*
● *Noir*	✕ *7591*	· *7761*	⁄ *7504*

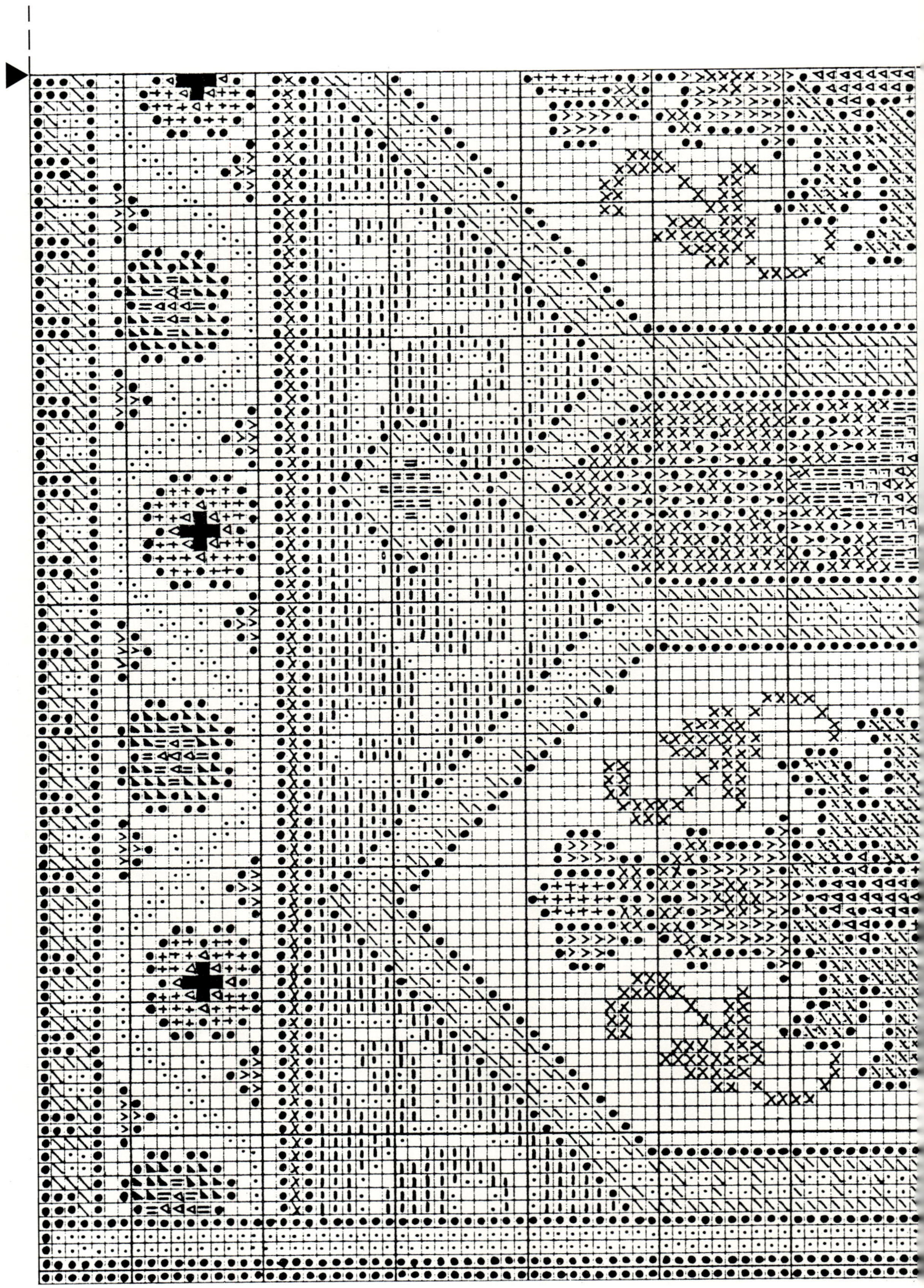

PERSE

Raccord central du motif

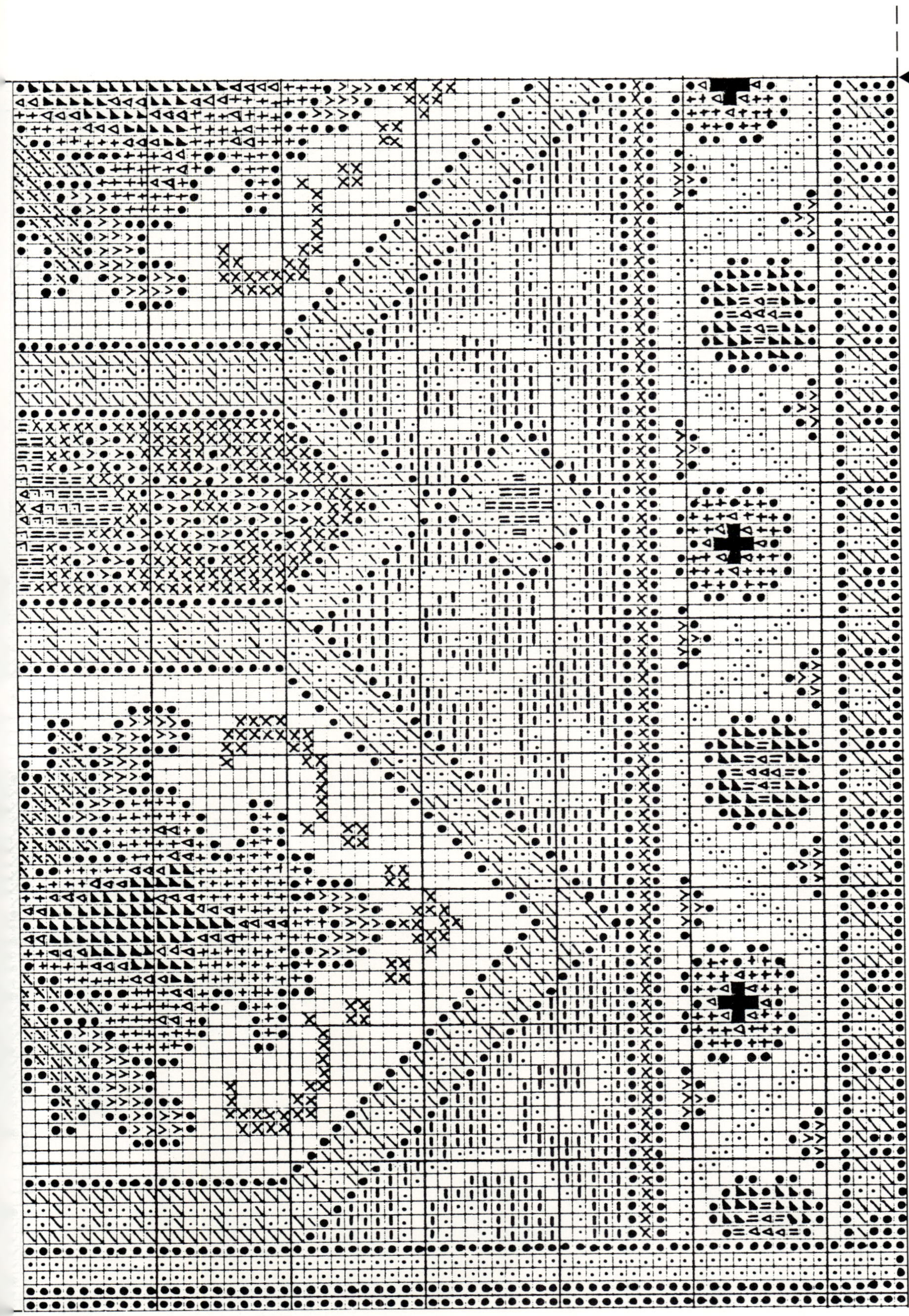

DMC Laine Colbert

□ 7523	⁒ 7514	× 7355	△ 7353	+ 7446	■ 7242	V 7542
● 7533	/ 7769	◤ 7895	◿ 7708	− 7329	‖ 7447	· 7524

L'Europe

Trois motifs de faïence portugaise : Acanthe (repris au point de natte sur le tapis, modifié et agrandi), Panier de fleurs et *Azulejos*.

Casa Lopez se devait, de par ses affinités portugaises (c'est en effet au Portugal que se trouvent les ateliers de la maison), de réunir deux artisanats traditionnels de ce pays, le petit point et la faïence. C'est chose faite grâce à ces trois magnifiques motifs d'*azulejos*, inspirés des carreaux qui ornaient les murs des palais au XVe siècle, et que l'on fabrique encore actuellement à partir des motifs traditionnels.

D'autres motifs blanc et bleu sont, quant à eux, des reproductions de dessins traditionnels de porcelaine danoise. La manufacture de Copenhague, installée au XVIIIe siècle, doit beaucoup aux réalisations des manufactures françaises et allemandes, qui, avant elle, étaient parvenues à fabriquer une porcelaine fine digne de celle venue de Chine et restée si longtemps inégalée.

Panier de fleurs

DMC Laine Colbert		
□ *Blanc*	× *7695*	∨ *7593*
● *7297*	∕ *7594*	· *7568*

ACANTHE

DMC Laine Colbert

□ *Blanc*	× *7593*	∧ *7594*
● *7297*	⁄ *7568*	▼ *7695*

DMC Laine Colbert □ *Blanc* ● *7590* × *7591* ⁄ *7558* ∨ *7593* · *7594*

■ Les proportions du motif ont été modifiées pour réaliser ce couvre-théière.

DMC Laine Colbert

□ *Blanc*	× *7311*	· *7510*
● *7590*	⁄ *7316*	

LA NATURE

Les motifs décoratifs inspirés de la nature se regroupent en trois grands thèmes : les fruits, les fleurs et feuilles, les animaux. Leur point commun est la richesse de leur composition. Très vite, en brodant ces tapisseries, vous découvrirez les surprises qu'elles vous réservent et vous vous prendrez au jeu : chaque point concourt à créer le relief du motif par des jeux d'ombre et le dégradé des couleurs. La précision de la broderie est ici capitale, chaque point de couleur contribuant à l'impression de reflet qui donne à l'élément végétal ou animal son volume et sa consistance. L'effet décoratif est réalisé en trois dimensions et vous aurez vraiment le sentiment de « peindre » sur canevas.

Les fruits

■ Double page précédente : Ce banc de style Forêt-Noire sur fond de vigne vierge est parfaitement assorti au thème de la nature, un des plus traditionnels de la tapisserie sur canevas. Le quart de point a été utilisé pour exécuter les nombreux détails des scènes de chasse.

■ Ci-contre : Près de cinquante couleurs ont été nécessaires à la réalisation de ce canevas, pour donner brillance et velouté à ces fruits baignés de soleil dans leur corbeille.

Les fruits ont toujours inspiré les artistes, depuis la représentation du mythe de la chèvre Amalthée, où l'on voit Zeus offrir à celle qui l'a nourri aux premiers jours de sa vie la corne d'abondance remplie de fruits, jusqu'à la toile de Magritte où la pomme s'ouvre sur le ciel et les nuages. Nous reparlerons des sources d'inspiration multiples qui peuvent donner naissance à un motif sur canevas. Avec ces fruits représentés en motifs centrés, Casa Lopez nous prouve que le plus inattendu des objets peut inciter à la création : en effet, c'est la fille de Bernard Magniant-Lopez, Victoria, qui, montrant à son père des papiers de bonbons... aux fruits (!), lui a donné l'idée de cette série d'ouvrages. Il y a également le panier de fruits, dans lequel interviennent près de cinquante couleurs ; c'est dire le plaisir éprouvé grâce au jeu subtil des points et du choix des laines à broder qui donne le velouté, la transparence ou le contour brillant de chacun des fruits composant cette corbeille. Avec le panier de fruits, c'est un univers de saveurs et de senteurs que la tapisserie a le pouvoir d'évoquer.

Corbeille de fruits

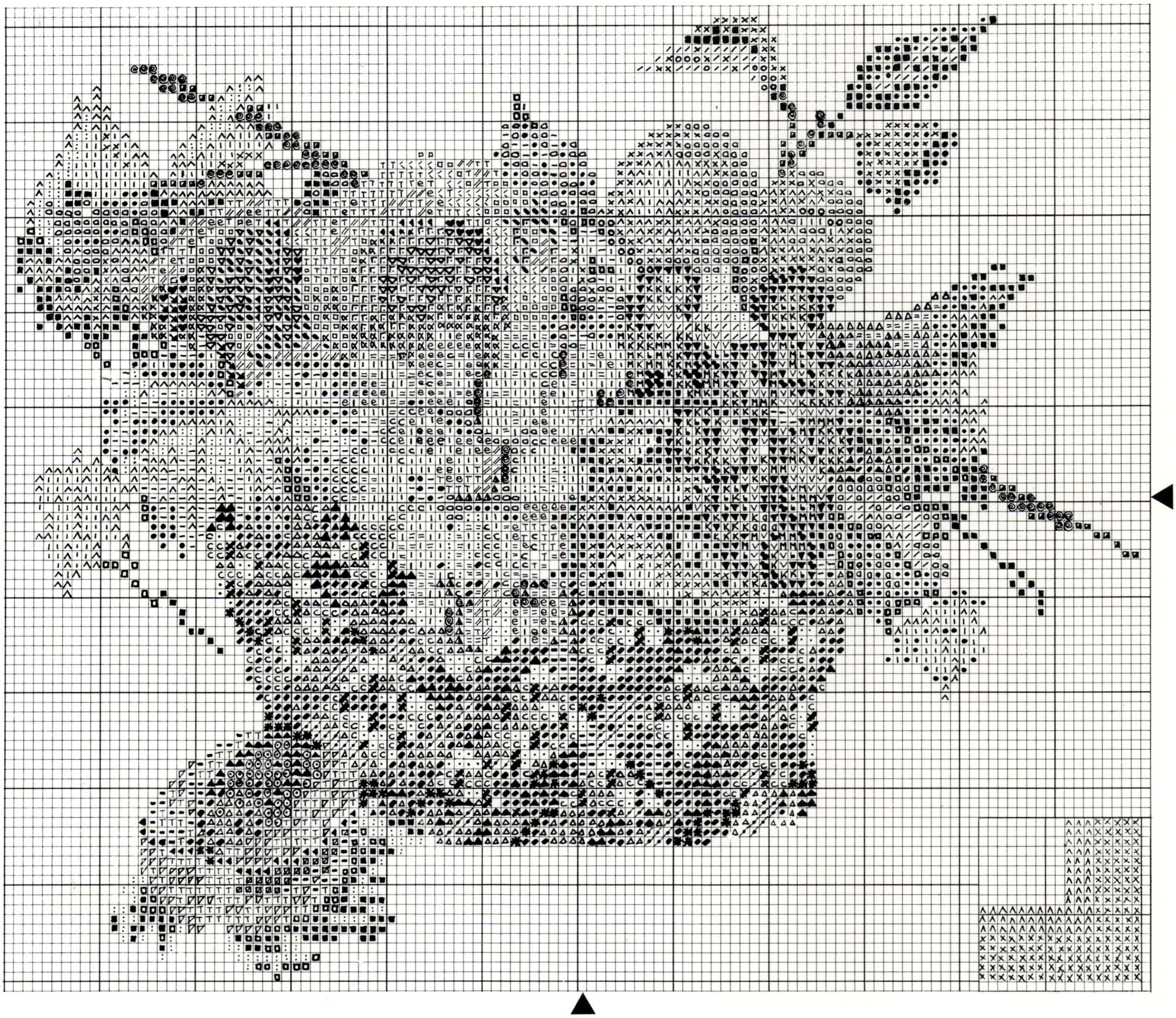

DMC Laine Colbert

Bordure, feuilles et prunes

□ *Blanc*	× *7426*	– *7384*
◘ *7999*	ʌ *7373*	⁄ *7703*
■ *7398*	O *7363*	: *7870*
● *7890*	⬭ *7367*	I *7371*

Corbeille et fruit du premier plan

✳ *7533*	△ *7513*	◄ *7632*	◸ *7506*
▲ *7489*	C *7143*	– *7466*	T *7470*
✗ *7479*	⸝ *7462*	◪ *7700*	
⁄ *7499*	· *7905*	⊙ *7488*	

Fruits rouges et raisins

// *7727*	◣ *7303*	□ *7166*	K *7622*	e *Écru*
● *7469*	⋉ *7178*	▼ *7624*	V *7266*	◪ *7416*
↘ *7199*	▽ *7544*	M *7375*	⸤ *7300*	◎ *7355*
⌜ *7127*	‹ *7174*	⸜ *7238*	= *7493*	▲ *7494*

DMC Laine Colbert

□ *Écru*	⌿ *7266*	+ *7264*	↖ *7477*	⁒ *7845*	✕ *7890*	▽ *7370*
● *7375*	∕ *7262*	− *7790*	■ *7458*	· *7120*	▲ *7768*	ǀ *7371*

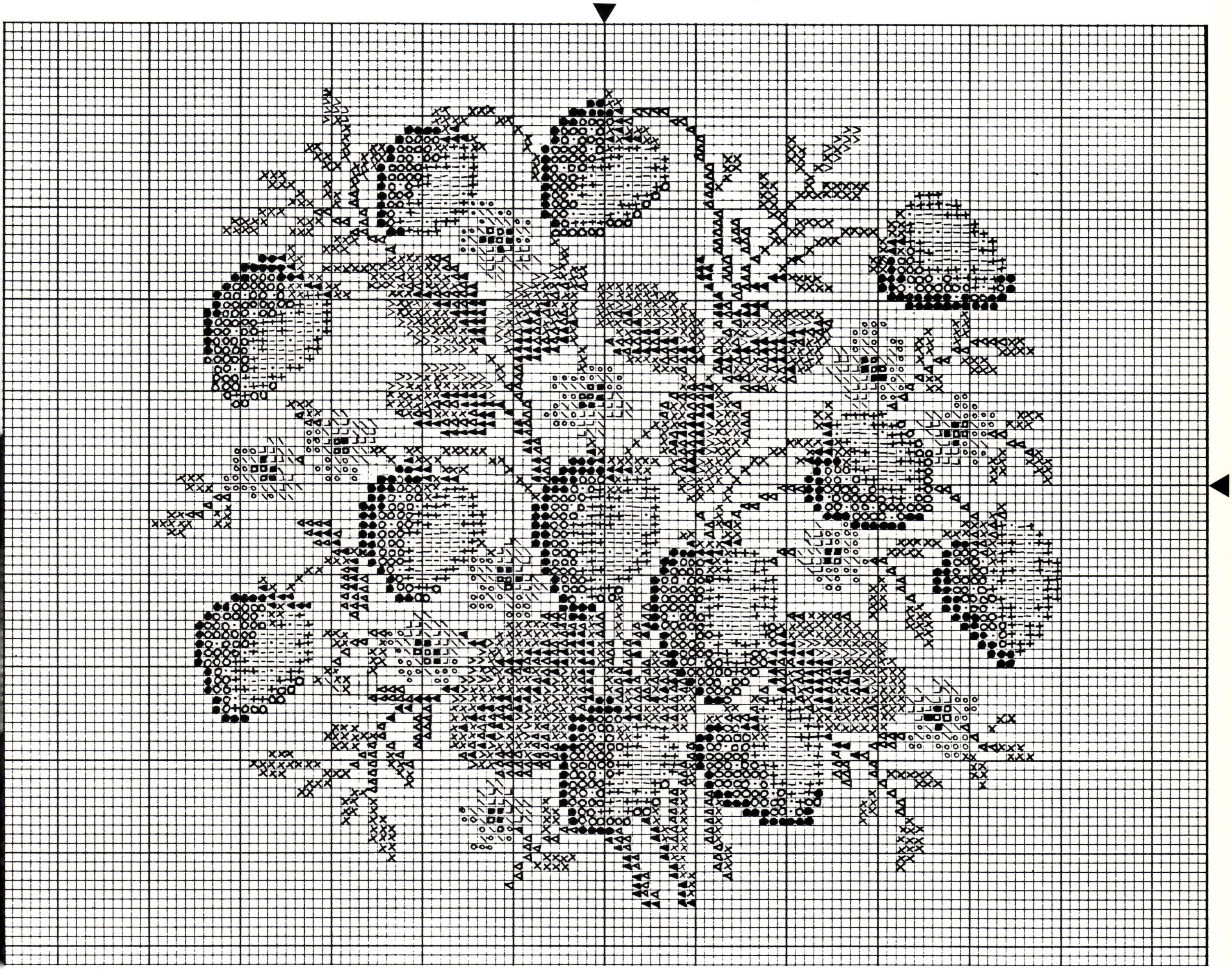

DMC Laine Colbert

□ *Blanc*	○ *7108*	— *7852*	◀ *7408*	× *7404*	■ *7919*	┘ *7762*	∘ *7400*
● *7110*	+ *7849*	· *7470*	◁ *7406*	> *7331*	□ *7785*	╲ *7211*	

■ Double page précédente : Le temps des confitures. À l'arrière-plan, Panier de fruits et Prunes.

■ Ci-contre : Les motifs centrés, comme ici celui des Framboises, sont parfaits pour recouvrir les sièges. Sur le coussin, le motif Fraisier.

DMC Laine Colbert	□ *Blanc*	◇ *7362*	× *7361*	· *7400*	╲ *7385*	< *7384*	✳ *7479*	▭ *7506*
	● *7364*	⦸ *7373*	> *7371*	╲ *7453*	◀ *7768*	+ *7424*	N *7477*	

DMC Laine Colbert	□ Blanc	× 7362	· 7471	ǀ 7422	╲ 7768
	■ 7364	⁄ 7373	+ 7491	● 7890	⁒ 7384

■ Pour les accoudoirs du fauteuil, le motif Citrons a été réduit ;
sur le tabouret coordonné, un canevas tramé avec le motif Pommes.

Les fleurs et les feuilles

De nombreuses créations Casa Lopez reprennent le motif des roses, qui rappelle les tapisseries raffinées de l'Angleterre victorienne. Ici, de gauche à droite et de haut en bas : Couronne de roses ; Bouquet de roses et Boutons de roses ; Roses de Bagatelle, Roses et arums, Pavots et Trois roses.

La création joue ici sur la présentation des fleurs : isolées, regroupées, en bouquet, en semis, en motifs régulièrement répétés, ou bien en couronne. Certaines compositions rappellent la profusion des jardins anglais et leurs *mixed borders* où se côtoient d'innombrables variétés de fleurs dans un désordre qui n'est qu'apparent. D'autres motifs semblent reproduire des gravures de traités de botanique, comme le camélia. D'autres fleurs encore, plus simples mais familières des jardins rustiques, vous raviront par leur naïveté. Ce sont les marguerites blanches, traitées en motif se répétant à intervalles réguliers, les violettes regroupées en bouquet ou en semis, les pensées en couronne. Le volubilis qui s'enroule à toutes les tiges des jardins, le perce-neige qui fleurit au mois de février, l'églantine, la rose sauvage des haies de campagne, font aussi partie de la collection ; toutes ces fleurs appartiennent aux souvenirs d'enfance de vacances passées dans la paisible maison de famille, où l'on composait chaque jour un bouquet fraîchement cueilli du jardin.

Le royaume des fleurs, comme tout royaume, a sa reine : c'est la rose. Mélangée aux arums, représentée à la manière de Redouté, ou bien disposée en couronne, la rose omniprésente dans les jardins devient tout naturellement l'un des décors favoris de l'ouvrage en tapisserie. Épanouie ou en bouton, dans ses couleurs innombrables et variées, la reine des fleurs participe à l'harmonie et à la décoration de la maison.

Le feuillage est également à l'honneur dans ce florilège de végétaux. Les motifs Herbier et Feuillage constituent un heureux contrepoint de couleurs à l'univers des fleurs. À dominante verte, ils possèdent une élégance de composition qui leur permet de trouver place sur un fauteuil de bureau ou sur une chaise dans une bibliothèque.

CAMÉLIAS

DMC Laine Colbert	☐ *Blanc*	✕ *7603*	– *7211*	○ *7745*	∨ *7386*	ǀ *7400*	◤ *7425*
	● *7408*	⁄ *7605*	· *7200*	⟋ *7385*	+ *7384*	■ *7490*	

MARGUERITES

DMC Laine Colbert □ *Écru* × *7444* ◤ *7780* ⅍ *7770* V *7618* · *7143*

● *7428* + *7435* ○ *7320* x *7573* / *Blanc*

ÉGLANTINES

DMC Laine Colbert			
	□ 7510	⁄ 7573	· Blanc
	● 7425	× 7549	

GARDENS OF PORTUGAL
CASA LOPEZ

Violettes parsemées

■ Double page précédente :
Églantines et Marguerites.

DMC Laine Colbert □ *Écru* × *7896* ■ *7367* ∧ *7770* ⁒ *7437*
● *7257* ⁄ *7436* − *7988* ǀ *7548* · *7253*

Iris

DMC Laine Colbert								
	□ Écru	× 7299	V 7244	– 7568	▲ 7742	+ 7905	○ 7320	∪ 7369
	● 7385	⁒ 7555	⁄ 7284	· 7715	╲ 7504	■ 7428	⌶ 7370	⸝ 7549

Bouquet de violettes

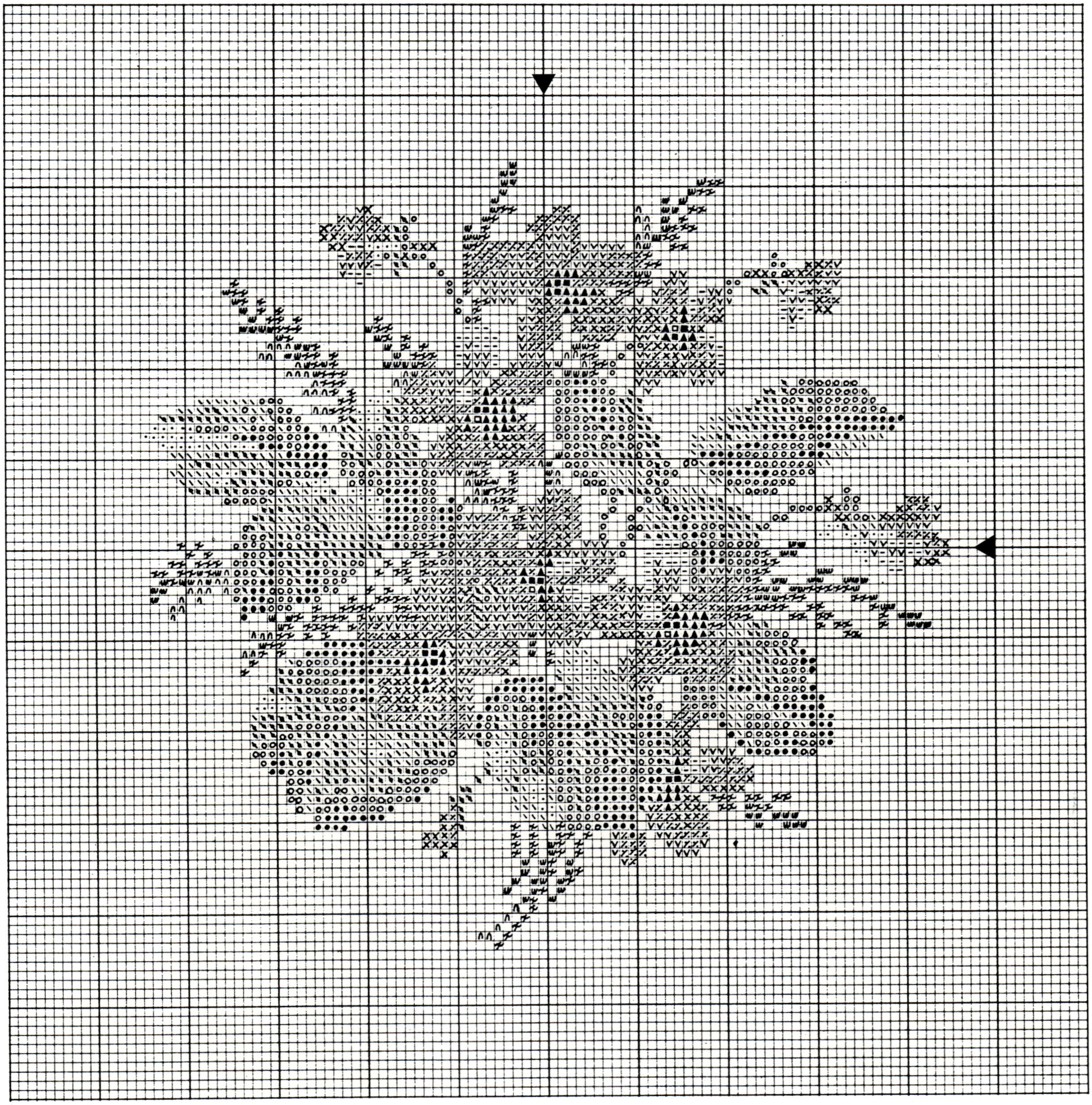

DMC Laine Colbert

□ Écru	▲ 7247	⁒ 7243	− 7244	ɯ 7364	■ 7782	○ 7541	\ 7404
● 7408	× 7242	V 7711	⊁ 7425	∩ 7583	□ 7504	↘ 7406	· 7704

■ Double page précédente : Ces coussins à dominante bleue et mauve font merveille sur les fauteuils vert céladon : une harmonie à retenir. À gauche, Bouquets de violettes, Violettes parsemées, Perce-neige et violettes ; à droite, Volubilis et Iris.

DMC Laine Colbert

□ *Écru*	⁄ *7241*	⌶ *7398*	✖ *7408*	e *7558*
● *7245*	◤ *7436*	⋇ *7393*	⩒ *7406*	· *Blanc*
∅ *7243*	▽ *7725*	0 *7364*	∨ *7404*	⟍ *7541*
⁒ *7711*	N *7275*	– *7771*	⤯ *7620*	

VOLUBILIS

DMC Laine Colbert	□ 7141	■ 7242	× 7709	− 7244	⁒ 7314	0 7919	✖ 7398	∕ 7355	ı 7422
	● 7318	◪ 7243	∟ 7241	⸝ 7317	∖ 7313	· 7594	V 7425	+ 7583	

Géraniums

DMC Laine Colbert

□ *Blanc*	× *7198*	ǀ *7135*	▲ *7408*	∨ *7320*	− *7424*	◪ *7465*
● *7110*	⁄ *7107*	■ *7432*	✖ *7428*	+ *7370*	· *7760*	↖ *7466*

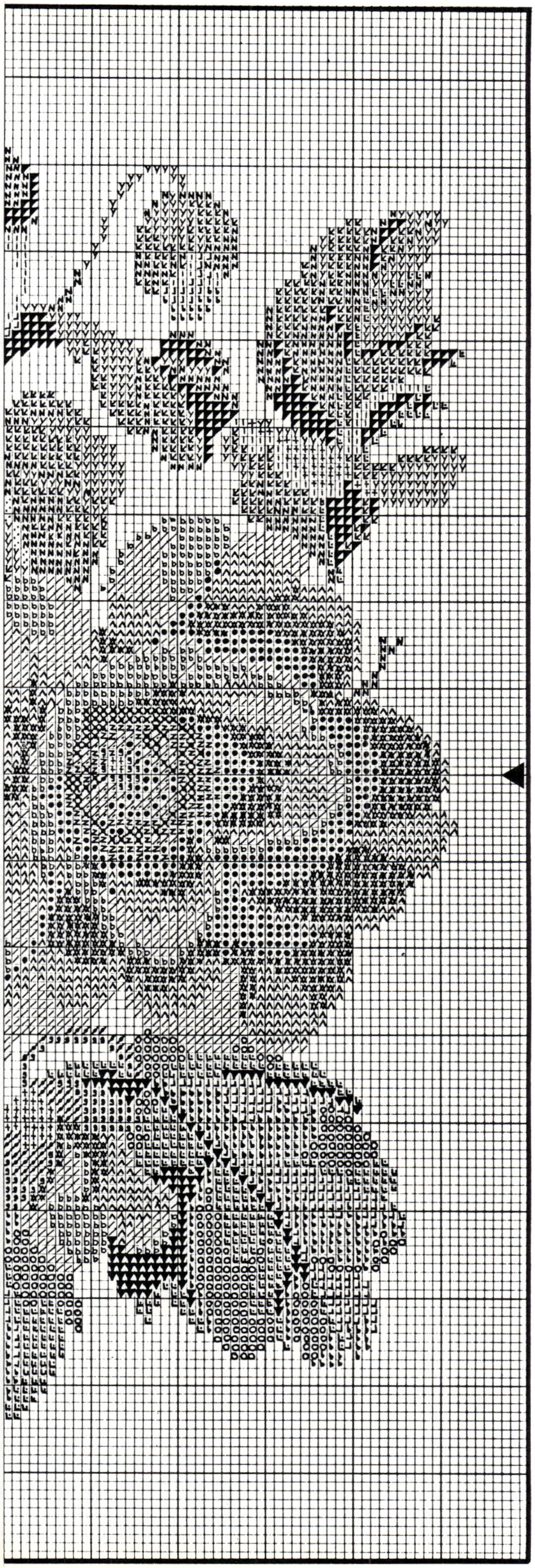

Pavots

DMC Laine Colbert

□ *Écru*

Fleurs bordeaux

- ● *7375*
- ⨯⨯ *7147*
- ∧ *7961*
- ⁄ *7354*
- ь *7213*

Fleurs rouge et orangé

- ● *7375*
- ⨯⨯ *7147*
- × *7127*
- ˥ *7606*
- ∖ *7214*
- – *7173*

Fleurs jaunes

- ↳ *7573*
- ┘ *7353*
- ⁜ *7371*
- · *Blanc*

Fleurs violettes

- ⁄ *7297*
- % *7243*
- ∖ *7711*
- ə *7244*
- † *7799*

Feuilles

- ▼ *7533*
- ⊾ *7467*
- O *7490*
- ↳ *7573*
- ┘ *7353*
- ■ *7329*
- ▲ *7428*
- ⨯ *7427*
- ȝ *7320*
- + *7770*
- ◤ *7540*
- N *7906*
- ⊻ *7911*
- Y *7954*
- ∴ *7604*
- S *7541*
- ↕ *7406*
- 0 *7404*
- ⁜ *7371*
- ✳ *7459*
- ◉ *7466*
- Φ *7174*

Cœurs

- ✕ *7309*
- × *7259*
- Z *7255*
- ⁄ *7253*

Traviata

Rose de gauche

- ● 7372
- ⋈ 7218
- × 7147
- ˥ 7759
- ◣ 7760
- − 7202

Rose du milieu

- ● 7372
- ✗ 7199
- ＼ 7167
- ∧ 7165
- ♭ 7224

Rose de droite

- % 7115
- ⟀ 7212
- / 7195
- ℮ 7194
- - 7202
- ↖ 7479
- ◎ 7503

Fleurs bleues

- ∧ 7217
- 4 7193
- ⫯ 7509
- ⁄ 7474
- ∟ 7510
- ◆ 7165
- ◢ 7930
- ⸗ 7592
- Z 7293
- ⊥ 7294
- ○ 7292

Fleurs blanches

- ╱ 7375
- ⸜ 7253
- ∪ 7950
- ⁚ 7148
- ⋎ 7390
- · Écru
- ∟ 7510
- ✢ 7264
- ⌘ 7555

Feuilles

- ◤ 7359
- ∨ 7379
- ⊁ 7393
- × 7426
- // 7424
- □ 7422
- ⊾ 7429
- ○ 7398
- ⁋ 7335
- + 7333
- ∟ 7510
- ▲ 7490
- ⋈ 7355
- ɯ 7497
- ⬊ 7499
- ∴ 7423
- ■ 7801
- ⊟ 7524
- < 7519
- □ 7462

DMC Laine Colbert

DMC Laine Colbert	Rose rouge	Rose bordeaux		Violettes	Arum		Feuilles		
	● *7375*	● *7375*	∪ *7165*	■ *7533*	↖ *7435*	· *Blanc*	■ *7533*	◤ *7540*	⸸ *7457*
	XX *7218*	✕ *7147*		✕ *7228*	@ *7919*		∟ *7467*	N *7906*	▲ *7398*
□ *Écru*	∠ *7127*	% *7961*		╲ *7264*	╲ *7275*		○ *7364*	⊁ *7911*	^ *7335*
	┐ *7195*	┐ *7195*		e *7555*	∨ *7413*		< *7548*	⁄ *7954*	ꓘ *7703*
	ı *7666*	– *7200*		╱ *7284*	ɓ *7509*		ɘ *7406*	Y *7604*	∴ *7370*
		╲ *7213*			4 *7510*		+ *7361*	✳ *7459*	

Couronne de roses

DMC Laine Colbert	Rose bordeaux et marron – 1	Rose rose – 2	Fleurs jaunes – 3	Fleurs mauves – 4	Feuilles – 5		
	● *7375*	● *7375*	▲ *7499*	⊸ *7895*	✗ *7408*	N *7386*	∪ *7583*
	✳ *7147*	⸝ *7208*	∧ *7833*	⊾ *7244*	⌜ *7406*	< *7370*	Z *7353*
□ *Écru*	⁒ *7447*	XX *7961*	e *7504*	↕ *7715*	○ *7769*	: *7870*	
	⟍ *7176*	V *7195*	⁄ *7745*	ı *7300*	+ *7426*	■ *7526*	
	− *7123*	¶ *7221*		⸝ *Écru*	⋎ *7523*	× *7425*	
		· *7451*			◤ *7320*	˥ *7355*	

COURONNE DE PENSÉES

Couleurs communes

- ● Noir
- ⊙ 7238
- ☐ Blanc

DMC
Laine Colbert

Fleurs marron et bordeaux

- ▸ 7459
- ◂ 7226
- ⸎ 7466
- ⁄ 7221
- > 7148
- → 7452
- N 7801
- ⊸ 7449

Fleurs rouge et rouille

- ↘ 7219
- × 7457
- ⁄⁄ 7961
- ⸜ 7484
- ╲ 7354
- ı 7211
- ↗ 7467
- ⌜ 7845

Fleurs ocre et mauve

- ✕ 7496
- ‹ 7251
- ✗ 7780
- ○ 7494
- ⸌ 7492
- + 7205
- ⺅ 7253

Fleurs jaune et violet

- ■ 7336
- z 7473
- ◺ 7212
- < 7461
- ◥ 7257
- – 7470
- ⌐ 7255
- ⁚ 7500
- C 7790
- ✶ 7474

Feuilles

- ✳ 7408
- ◎ 7855
- ⌝ 7406
- ∪ 7573
- ⸝ 7394
- ⋋ 7373
- ∧ 7402
- ╲ 7527
- ✚ 7425

■ Une atmosphère feutrée et sophistiquée convient parfaitement pour broder en plein cœur de l'hiver le motif printanier de cette Couronne de pensées. Le fond de la tapisserie est brodé au petit point, c'est-à-dire en rangs obliques afin que l'ouvrage ne se déforme pas.

Bouquet de roses

DMC Laine Colbert

Roses et boutons roses	Rose et boutons marron et bordeaux	Roses et boutons jaunes		Feuilles		Fleurettes bleues	
● *7212*		✗ *7208*	◤ *7428*	∟ *7367*	< *7519*	@ *7919*	+ *7558*
XX *7226*	× *7449*	⌜ *7514*	⁄ *7386*	○ *7769*		θ *7471*	
V *7202*	⁒ *7840*	╲ *7833*	^ *7370*	ʏ *7771*		✳ *7336*	
/ *7221*	˥ *7949*	ı *7506*	ч *7870*	■ *7999*		N *7926*	
· *7141*	╲ *7223*	℮ *7504*	❟ *7411*	z *7417*		∀ *7927*	
□ *Blanc*	– *7120*	⁘ *7579*	▲ *7379*	∪ *7416*		¢ *7301*	

Trois roses

DMC Laine Colbert	Rose jaune		Rose rose		Rose prune		Feuilles			
	✕ *7766*	⟍ *7078*	● *7208*	⟋ *7205*	● *7208*	ı *7761*	■ *7379*	٩ *7373*	⁄. *7385*	⋎ *7402*
	⁒ *7444*	– *7501*	⋈ *7138*	⁖ *7204*	✗ *7167*	· *7122*	⌞ *7367*	+ *7411*	∧ *7386*	
□ *Blanc*	⅂ *7504*		∨ *7136*		⟍ *7196*		○ *7426*	◤ *7398*	˥ *7370*	

Boutons de roses

Rose jaune		Rose bordeaux			Rose rose		Fleur bleue		Feuilles					
× *7499*	╲ *7504*	● *7219*	ı *7761*	ᑭ *7520*	● *7219*	∟ *7136*	✳ *7297*	ᑕ *7301*	◤ *7387*	ᔭ *7370*	N *7367*	: *7511*	○ *7406*	⧅ *7396*
⁒ *7780*	− *7420*	✗ *7961*	· *7164*		∀ *7138*	⁄ *7135*	⸗ *7695*	⸸ *7558*	∧ *7385*	⋎ *7870*	℮ *7769*	■ *7327*	⸗ *7703*	*DMC*
┐ *7767*	□ *Blanc*	╲ *7195*	∪ *7124*		⪤ *7147*	⋰ *7204*	▽ *7594*		⁄ *7386*	▲ *7379*	< *7426*	∟ *7541*	+ *7704*	*Laine Colbert*

Herbier

DMC Laine Colbert □ *Écru* × *7701* ⁄ *7703*
● *7408* ∨ *7394* · *7282*

■ Double page précédente : Un tapis brodé sur un canevas Smyrne recouvre cette table de salle à manger campagnarde. À l'arrière-plan, les motifs Herbier et Feuillage évoquent des souvenirs d'enfance.

DMC Laine Colbert

□ *Écru*	∨ *7394*
× *7701*	∕ *7703*

Les animaux

■ Pour les amateurs de chasse en forêt, les motifs Beagle, Chevreuil et Basset, aux couleurs de l'automne, sont une bien jolie façon de fêter la Saint-Hubert.

C'est d'Angleterre que nous vient cette source d'inspiration : nos amis d'outre-Manche aiment leurs animaux et font couramment peindre le « portrait » de leurs chiens ou de leurs chevaux. Ils aiment aussi la chasse, celle qui respecte le gibier. Si vous aimez les sous-bois d'automne, les parterres de feuilles mortes, les étangs et leur faune, les promenades et les chiens, si les hommes de votre famille sont chasseurs, vous aimerez alors les créations de Casa Lopez sur ce thème. Le chevreuil dont on retrouve l'effigie sur les blasons nobles ou les écus des forestiers et des grands veneurs, le canard sauvage et le labrador constituent de merveilleux cadeaux à broder. La collection de portraits de chiens vous enchantera elle aussi : le bébé labrador tout en boule, le basset et le beagle chasseurs, tous vont vous inviter à prendre l'aiguille. Vous pouvez les encadrer et les suspendre dans la montée d'un escalier ou bien en recouvrir ces petits tabourets d'appoint que l'on approche, le soir, tout près du feu.

Beagle

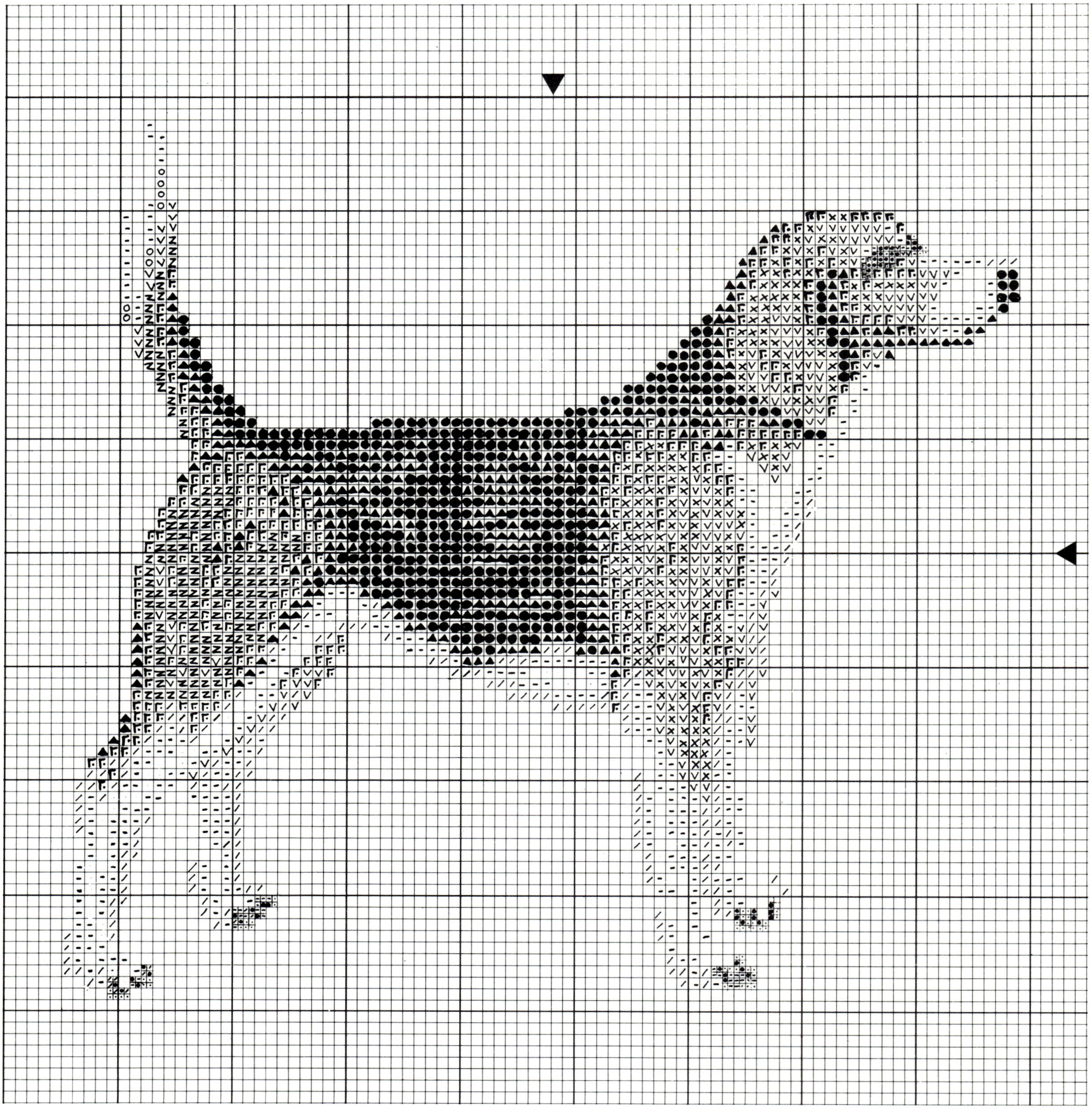

DMC Laine Colbert

□ *Blanc* | ● *Noir* | ▲ *7419* | ⌜ *7468* | × *7499* | z *7479* | ∕ *7509* | − *Écru* | ○ *7455* | ∧ *7503* | ∨ *7421*

Pour le quart de point, mêmes symboles plus :
· *Blanc*

Basset

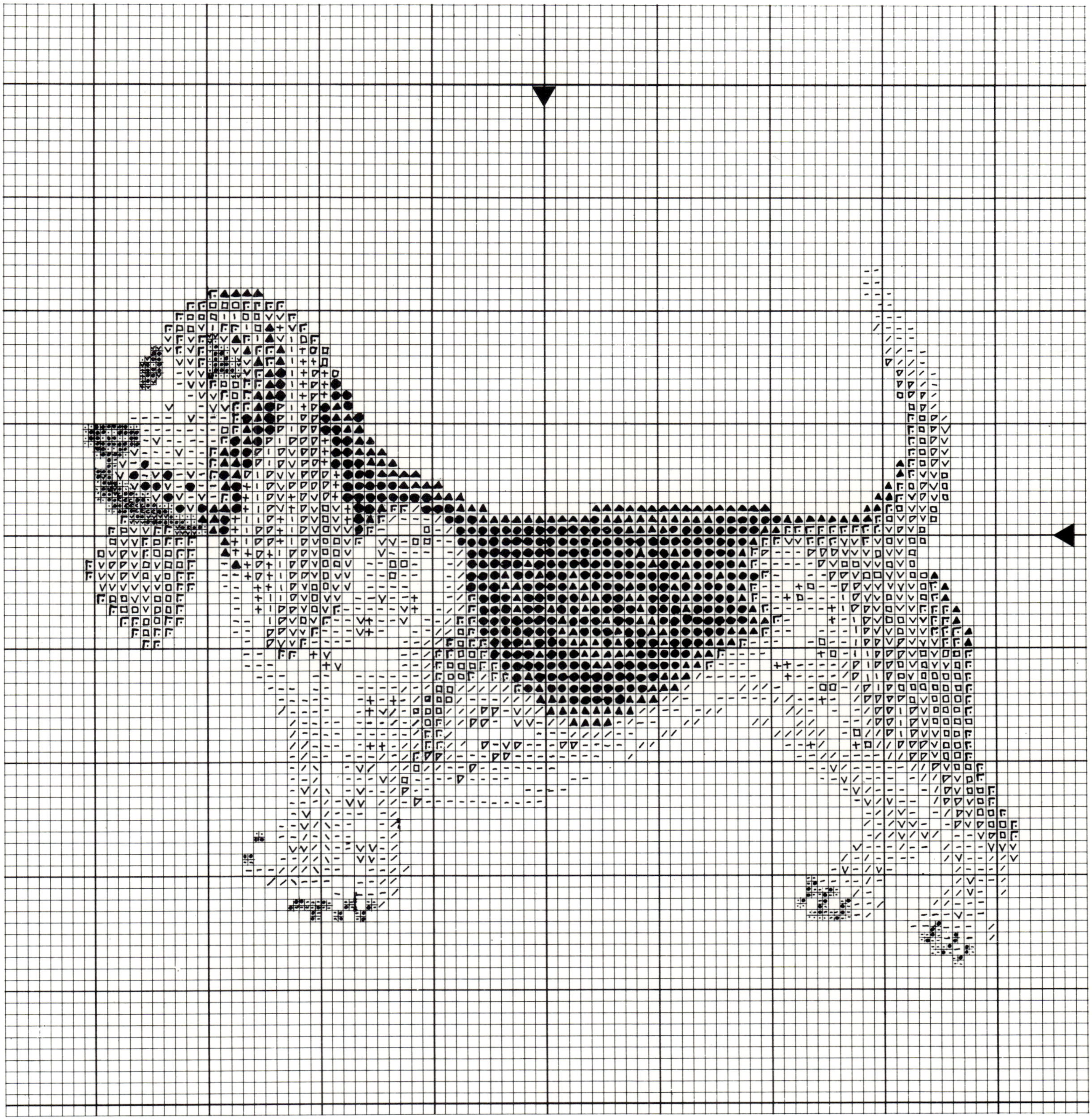

DMC Laine Colbert □ *Blanc* ● *Noir* ▲ *7419* ⊏ *7479* V *7421* □ *7499* **+** *7472* ◸ *7494* ǀ *7503* ⁄ *7509* – *Écru* ＼ *7618* ○ *7455* *Pour le quart de point, mêmes symboles plus :* · *Blanc* C *7214*

CHEVREUIL

■ Quel plaisir, après une journée de chasse, de se reposer auprès du feu ! Les chiens d'ailleurs ne s'y trompent pas, ni le vrai... ni le faux, blottis au creux du canapé. Sur la banquette, le motif Chevreuils et Labradors ; sur le coussin, Bébé labrador.

DMC Laine Colbert

□ *7500*	● *7533*	∨ *7513*	• *7494*	+ *7519*	⁄ *7739*
■ *7538*	⁄ *7514*	– *7421*	× *7413*	\ *7521*	

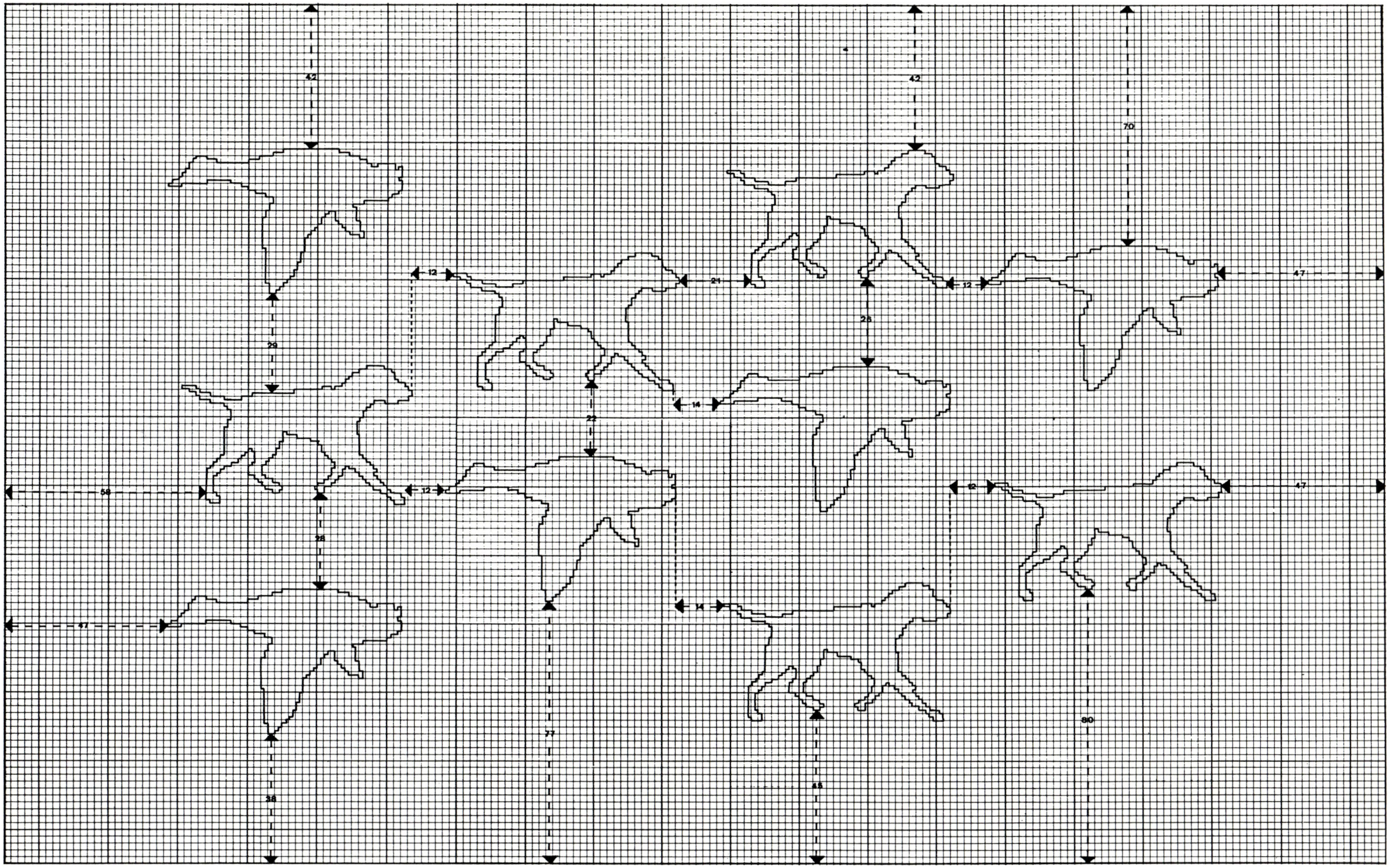

Détail de la tête du chien (quart de point)

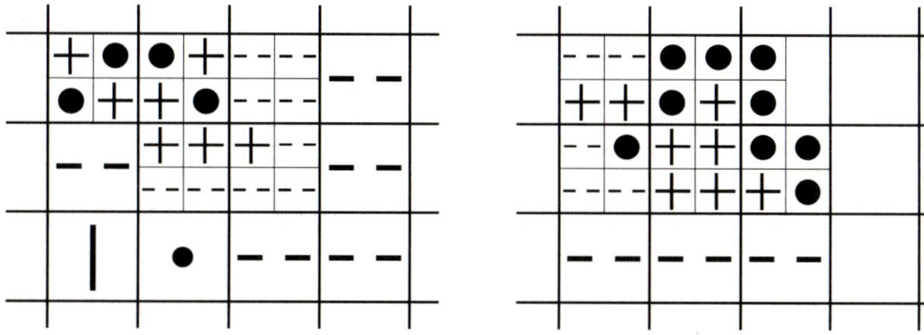

Ce schéma est à l'échelle 1/2. Les chiffres correspondent au nombre de demi-points à faire entre les deux flèches.

● Noir ⁄ 7770
\+ 7275 ∧ 7905
-- 7510

Détail de la tête du canard (quart de point)

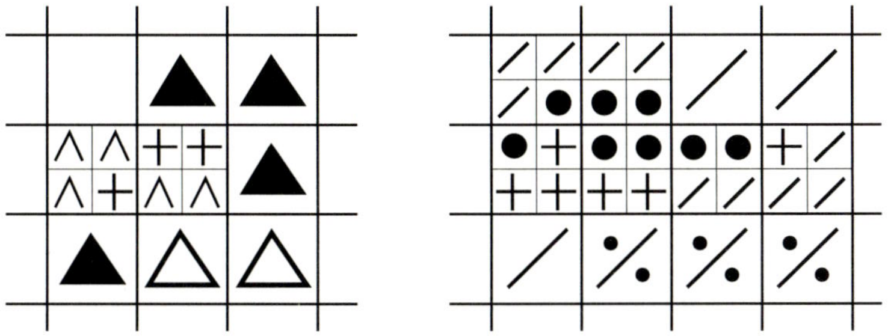

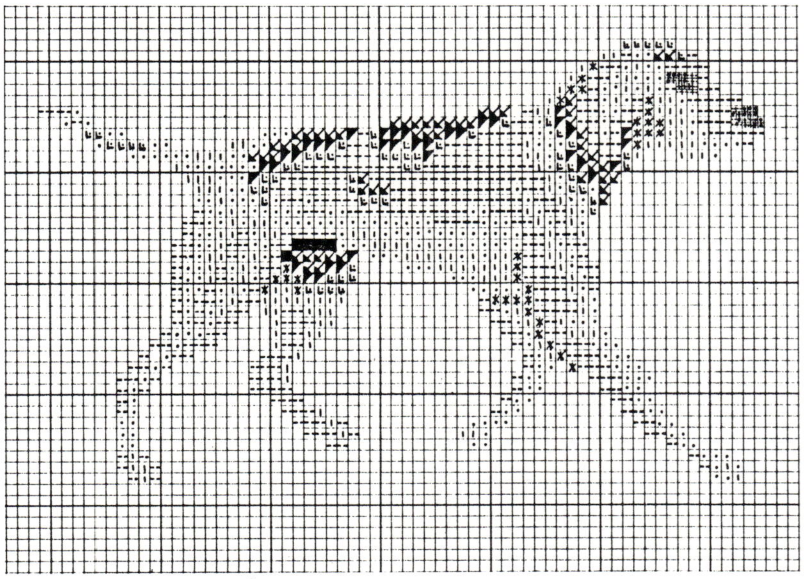

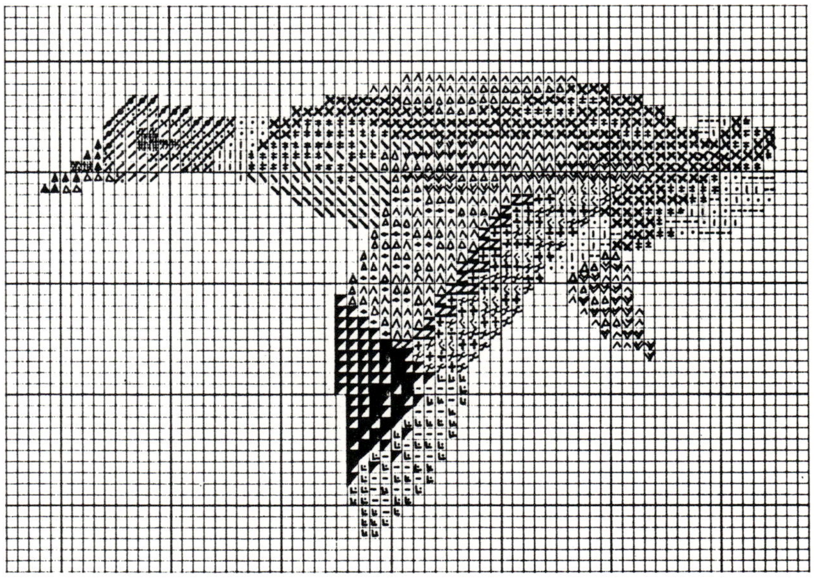

DMC Laine Colbert	□ 7406	⌿ 7367	/ 7770	△ 7472	∧ 7905	✕ 7700	ǂ 7401	↙ 7479	z 7299
Voir gros plans	■ 7469	% 7769	▲ 7726	∀ 7503	-• 7494	∖ 7446	◤ 7459	∟ 7845	
page de gauche.	÷ 7591	⊁ 7304	⋄ 7593	✱ 7509	| 7617	-- 7510	· Blanc	– 7766	

Bébé labrador

DMC Laine Colbert

□ *7398*	✕ *7533*	⟍ *7518*	⟋ *7513*	· *7492*	• *7538*	+ *7506*
■ *Noir*	✕ *7468*	∨ *7465*	− *7739*	∘ *7800*	◤ *7457*	

LE TEMPS DES LOISIRS

Ce dernier thème évoque les sports, les jeux et une époque privilégiée de la décoration dans la maison, celle de la fête de Noël. Les sports, c'est, comme la nature, une ouverture sur l'extérieur, vers le grand air, avec un goût de vacances d'été en famille. Les jeux, qu'ils soient de société ou de cartes, parlent au contraire de longues veillées, de la chaleur du foyer et de gaies réunions d'amis. Enfin Noël conjure les mauvais génies de l'hiver avec ses couleurs vives où dominent le rouge et le vert, ses cadeaux, ses guirlandes et ses nœuds, motifs simples, presque naïfs, qui mettent la maison en fête.

Noël

Double page précédente : Le labrador attend sagement pour ouvrir son cadeau... Le motif *Gift* est ici réalisé en rouge et vert (voir la grille page 135).

Ci-contre, à gauche : Les traditionnels éléments de décoration de Noël constituent autant de motifs à broder. De gauche à droite : Boule de Noël, *Fiori di Natale*, Sapin avec nœud.

Dans les pays nordiques, en Scandinavie surtout, mais aussi en Allemagne, en Angleterre et aux États-Unis, et même chez nous en France, le folklore de Noël est une tradition en rapport avec le temps froid et la rareté de la lumière du jour. La maison doit donc, par contraste, pour cette fête qui réunit la famille et les amis très proches, être accueillante, chaleureuse, surprenante. Tous ceux qui l'habitent unissent leurs efforts pour fêter cette période exceptionnelle, que ce soit Noël, la Sainte-Lucie ou la Saint-Nicolas, patron des enfants. Sapins, boules scintillantes, houx, pommes de pin, guirlandes sont autant d'éléments de décoration qui se brodent grâce aux motifs dessinés par Casa Lopez. Par leurs tailles, leurs volumes et leurs couleurs, ils vont vous fournir une décoration de fond originale dont vous réinventerez à chaque Noël la présentation.

DMC Laine Colbert									
	□ Blanc	◤ 7218	⁒ 7849	▫ 7785	△ 7459	● 7429	⌿ 7768	· 7369	+ 7367	∪ 7583
	■ 7356	× 7127	╲ 7104	▲ 7801	▽ 7174	○ 7428	∕ 7384	⪤ 7416	ǀ 7364	

GIFT

Un subtil jeu de trompe-l'œil met en valeur ce coussin-cadeau.
Le motif *Gift* est ici réalisé dans un camaïeu de verts.

DMC	□ *7108*	○ *7768*	V *7870*
Laine Colbert	● *7385*	× *7384*	· *7400*

DMC Laine Colbert

□ 7544	× 7513	⁒ 7238	· Blanc	ı 7493
● 7385	⁄ 7494	⟍ 7501	– 7369	

Sapin avec nœud

DMC Laine Colbert

	□ Blanc	⁄ 7768	· 7420	ı 7104
	● 7387	+ 7369	− 7666	

Boule de Noël

DMC Laine Colbert □ *Écru* × *7385* *Fond de la frise : 7385*
● *7666* · *Blanc*

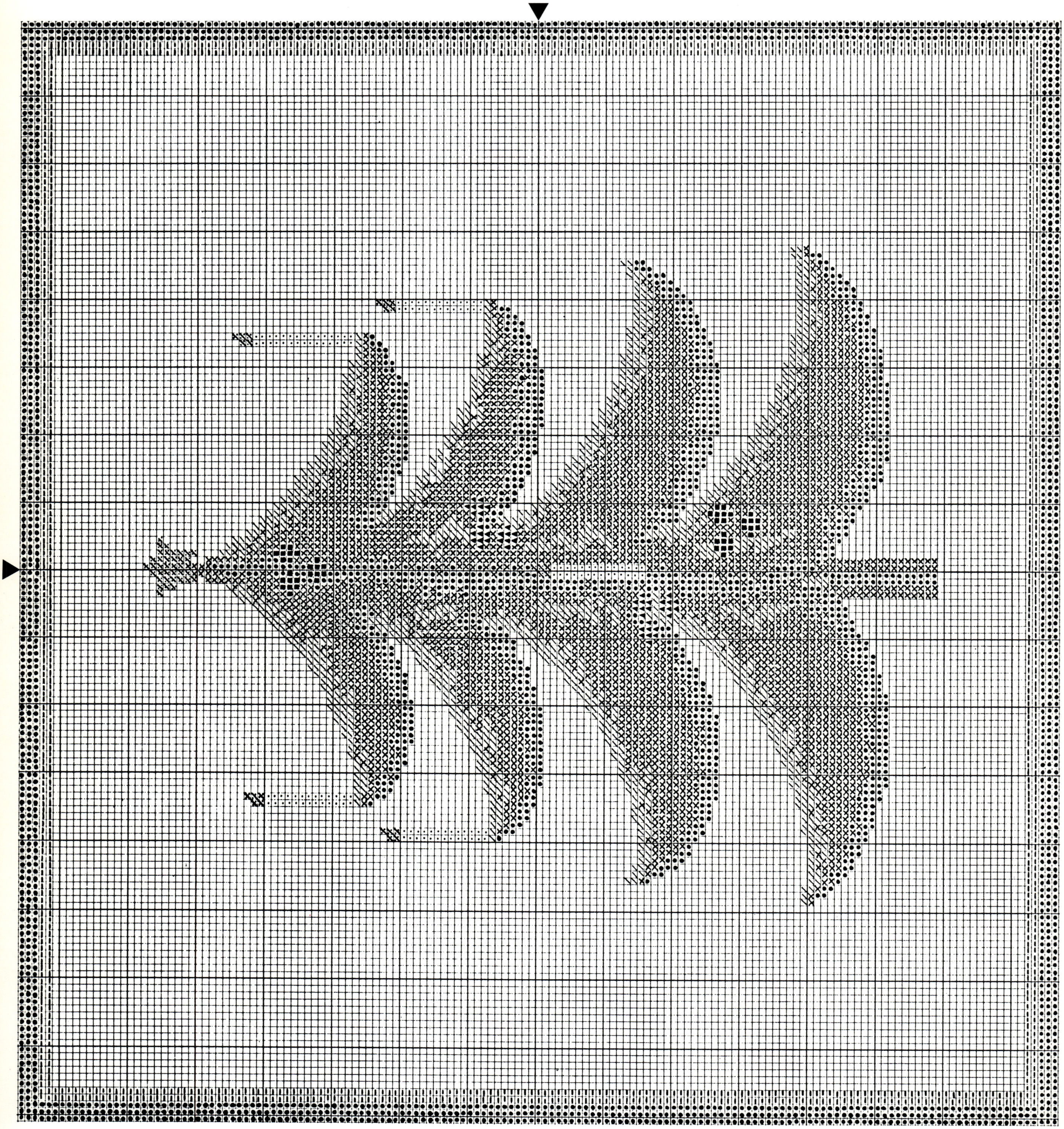

SAPIN

DMC Laine Colbert □ *Blanc* × *7768* ⁒ *7742* ▲ *7603* − *7320*
● *7427* ⁄ *7384* · *7500* ■ *7314*

Pommes de pin

DMC Laine Colbert	□ *7961*	○ *7448*	C *7354*	- *7143*	V *7909*	ı *7275*	▲ *7469*	Λ *7514*	⟍ *7179*
	● *7624*	+ *7541*	Z *7455*	× *7389*	⁄ *7542*	■ *7619*	△ *7468*	L *7144*	· *7170*

Les sports

■ Les thèmes et les couleurs vives de ces coussins en font un élément de décoration idéal pour le jardin : Tennis (et derrière, caché, Badminton), Sac et parapluie de golf, Sac et chariot de golf.

Les sports, ce sont au choix le ping-pong, le tennis, le badminton ou même le golf. Les ouvrages inspirés de ces motifs sont destinés aux maisons de vacances largement ouvertes sur les grands horizons de la mer ou sur le panorama majestueux d'un cirque de montagnes. Sur des coussins, ils sauront accompagner le repos des champions dans leur fauteuil ou leur chaise longue ; ils donneront du confort au banc de pierre adossé à la maison ou trouveront leur place çà et là sur la terrasse, à la disposition de ceux qui aiment, après l'effort physique et l'exaltation du jeu, goûter l'heure magnifique qui précède le coucher du soleil.

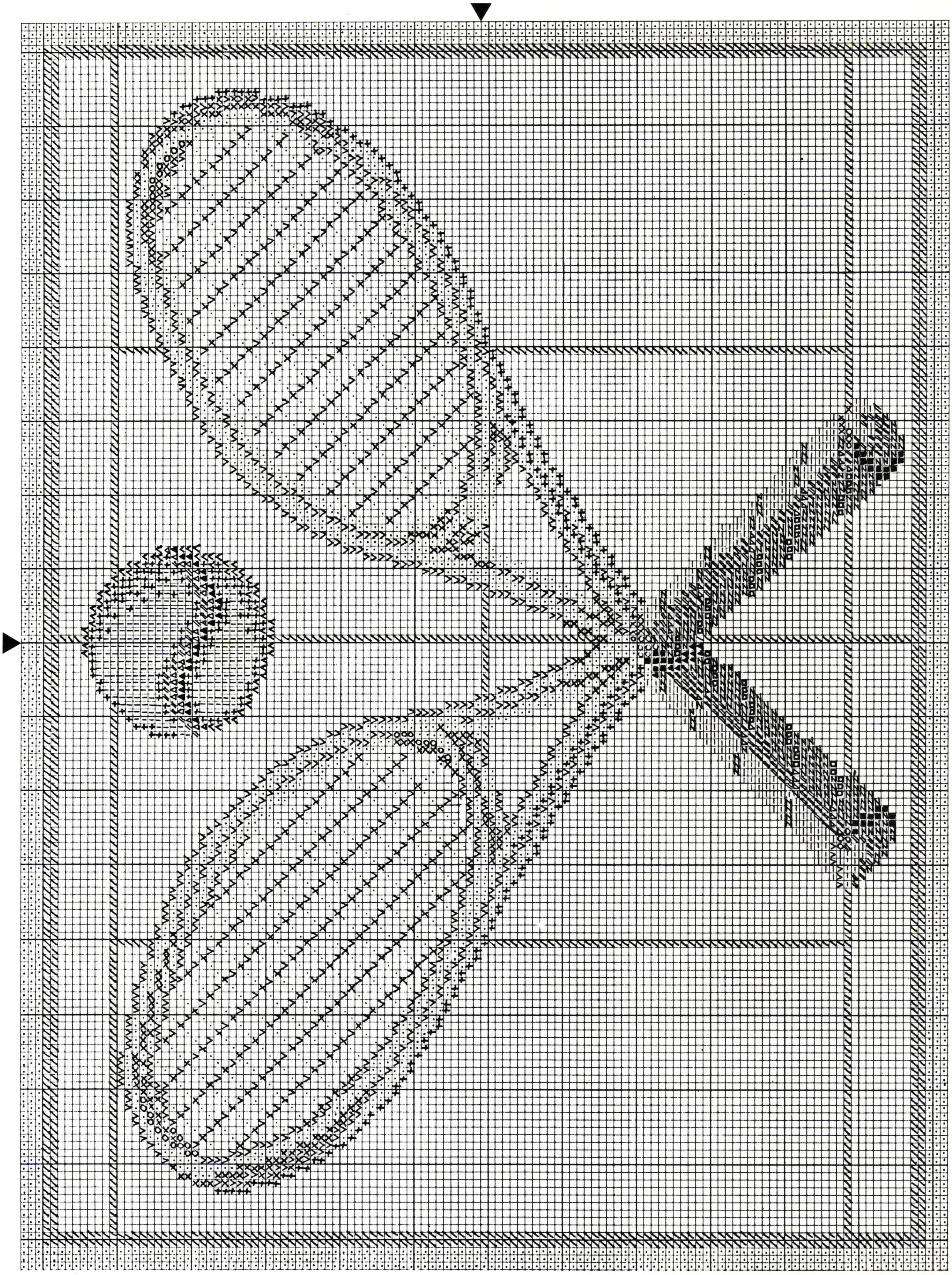

DMC Laine Colbert

□ 7385	◣ 7518	∧ 7474	ı 7078	× 7617	· Blanc	◸ 7458	// 7423	/ 7704
■ 7538	◺ 7512	+ 7504	○ 7626	∨ 7300	□ 7533	z 7508	– 7579	

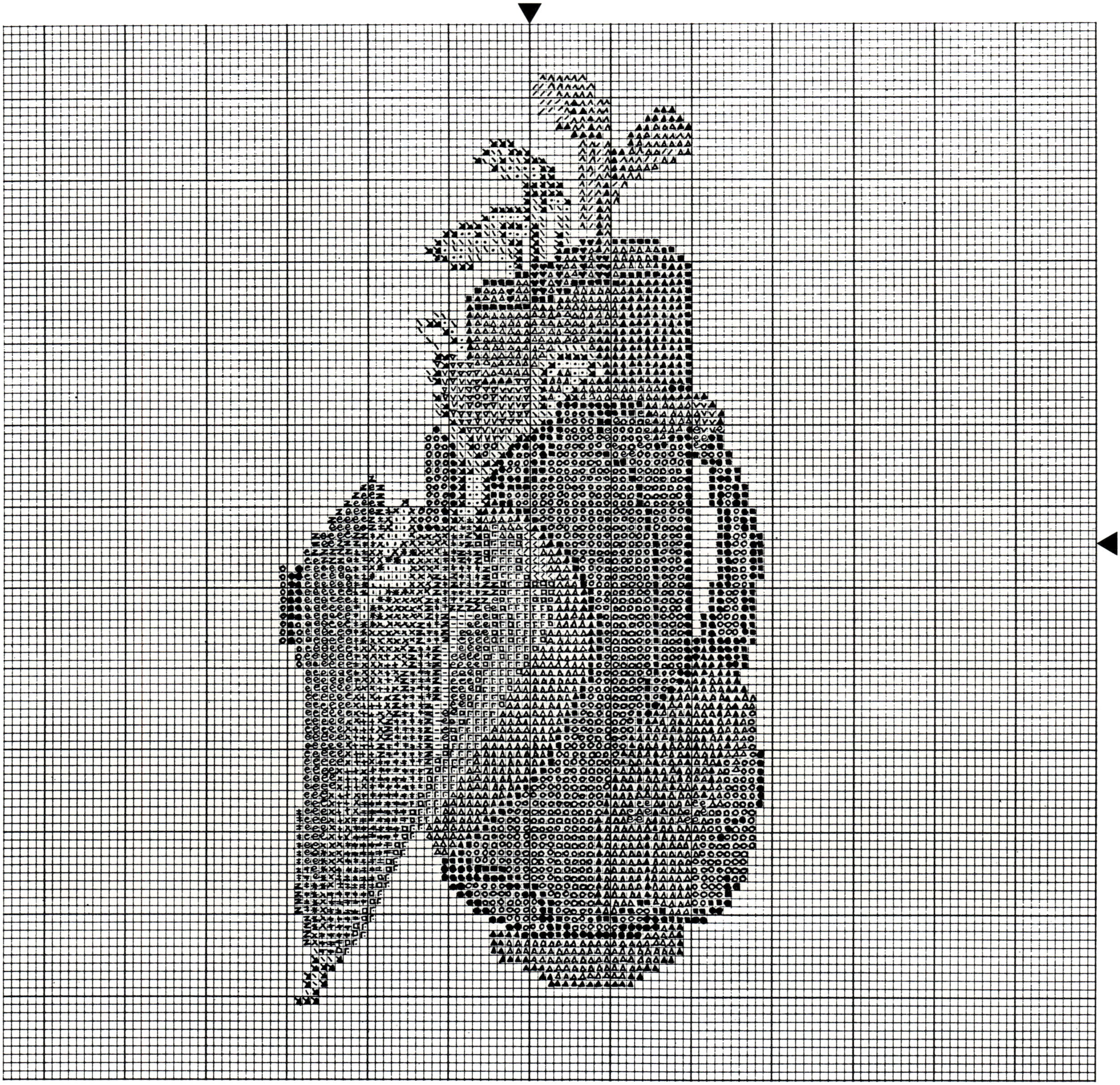

DMC	□ *7541*	● *7127*	▲ *7845*	∧ *7421*	▽ *7518*	⋇ *7299*	× *7311*	ı *7302*	⧺ *7725*	– *7470*	⟍ *7617*	▫ *7906*	‹ *7545*
Laine Colbert	■ *Noir*	○ *7544*	△ *7846*	⁄ *7739*	∨ *7519*	❤ *7336*	+ *7316*	z *7780*	e *7431*	↘ *7626*	· *7300*	⌜ *7909*	

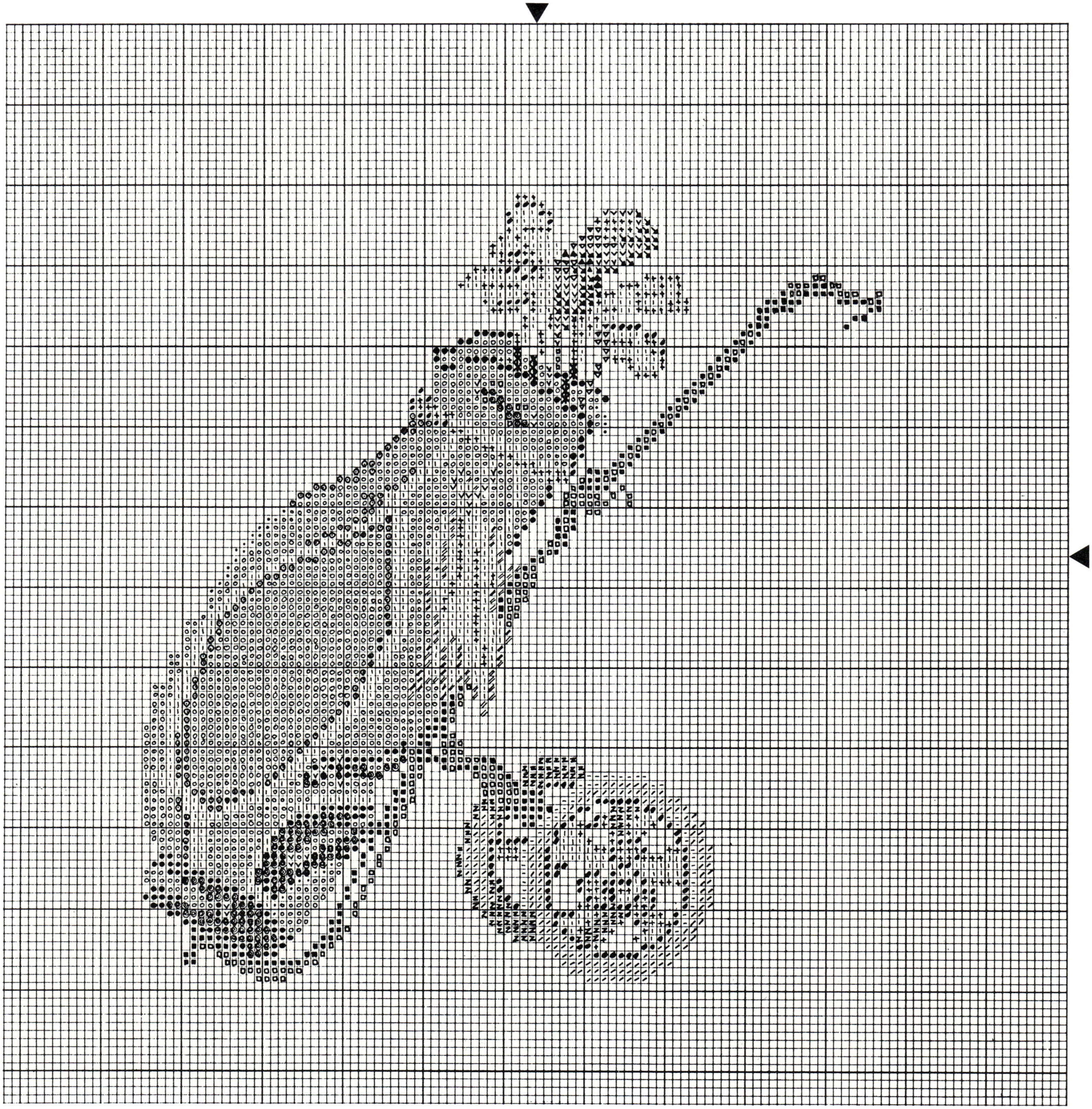

DMC	□ 7541	● 7590	⊙ 7593	• 7587	▲ 7467	▽ 7457	z 7413	– 7491	+ 7617	// 7542
Laine Colbert	■ 7127	@ 7306	○ 7594	□ 7108	↘ 7421	∨ 7455	⁄ 7453	⁄ 7713	ı 7300	

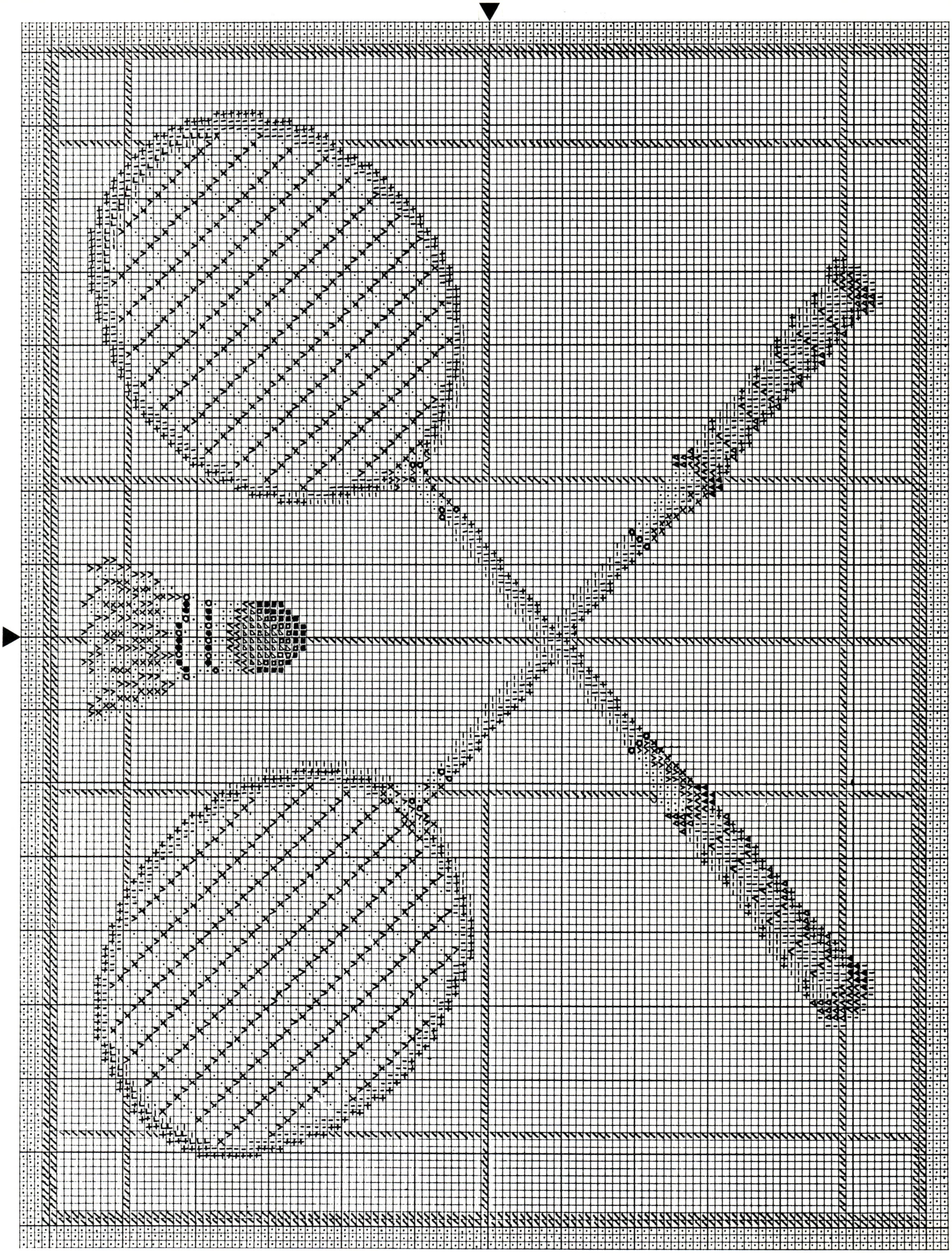

Badminton

DMC Laine Colbert

□ *7385*	□ *7127*	● *7624*	× *7617*	· *Blanc*	△ *7512*	┌ *7455*	ı *7078*	⁄ *7704*
■ *7147*	◸ *7544*	○ *7626*	∨ *7300*	▲ *7518*	∧ *7474*	+ *7504*	- *7579*	

Ping-pong

DMC Laine Colbert

□ *7348*	● *7544*	⌜ *7767*	△ *7472*	⁄ *7579*	ı *7617*	· *Blanc*
■ *7458*	□ *7415*	× *7473*	▽ *7471*	+ *7402*	− *7280*	

Les jeux

Pour ce salon parisien transformé en salle de jeu, tapis et fauteuils coordonnés Jeu de cartes, coussins Dame de cœur et Roi de pique ; sur la table, le motif Bridge.

À la tombée du jour ou bien l'hiver venu, les jeux de société et les jeux de cartes succèdent aux jeux de plein air et au sport. Casa Lopez a exploité ce thème et créé de confortables tapis de table, étonnants trompe-l'œil qui évoquent le jeu de jacquet ou les jeux de cartes, parmi lesquels le bridge occupe bien sûr la première place. Le plaisir de les installer sur une table banale pour la transformer en un décor raffiné, ou bien le désir de s'en servir tout simplement pour jouer, sont autant de raisons pour vous lancer dans leur amusante réalisation. Vous saurez détourner l'objet de son usage en le transformant en coussin spacieux ou bien en petite tapisserie précieuse à suspendre au mur, retenue par une tringle légère aux jolis embouts ; toutes sortes d'idées personnelles viennent à l'esprit avec la satisfaction de l'ouvrage terminé.

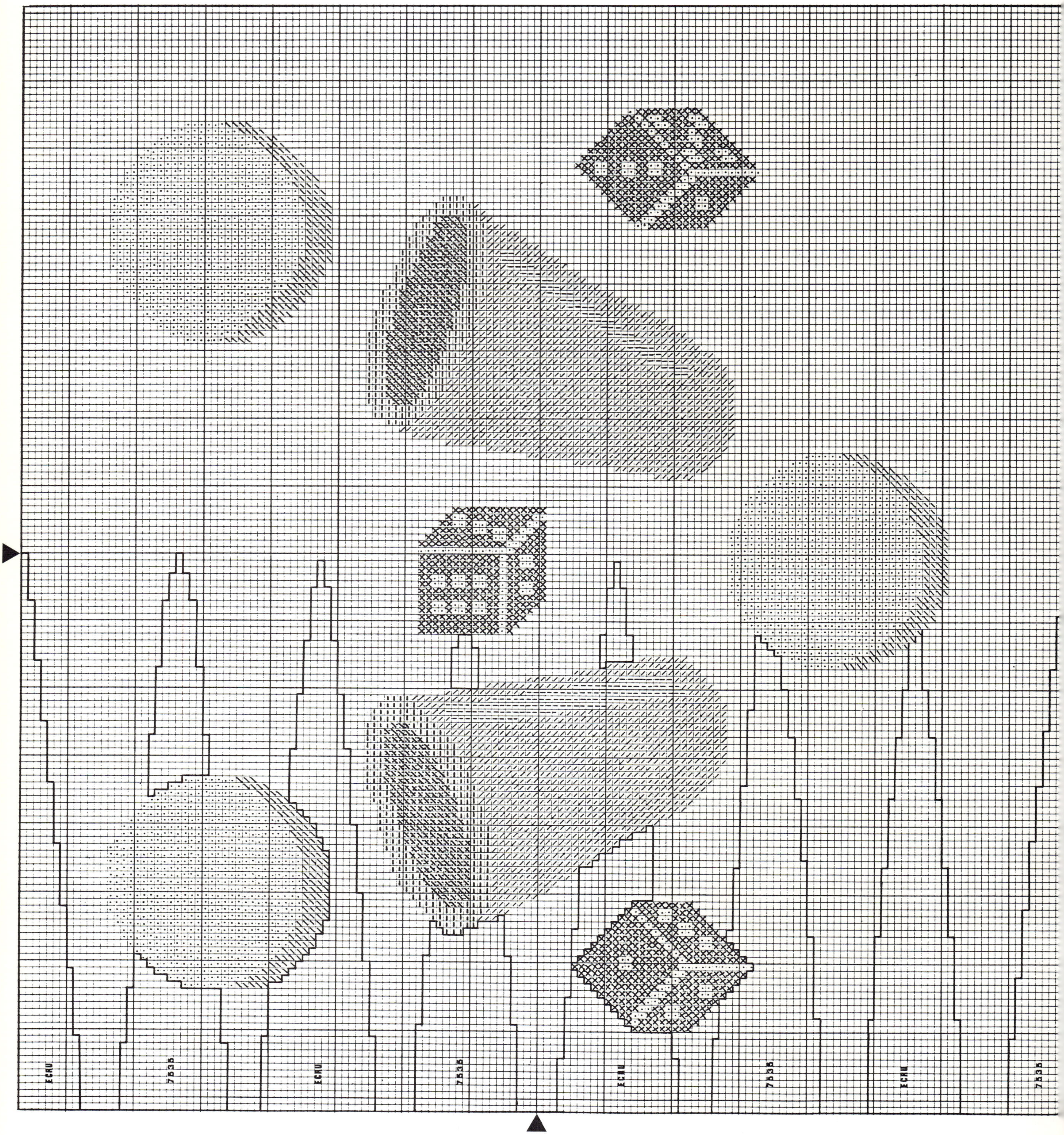
ECRU
7535
ECRU
7535
ECRU
7535
ECRU
7535

Jacquet

DMC Laine Colbert

☐ *Fond, suivant la grille : 7540*	*7535*	*et Écru*			
⁒ *7499*	− *7477*				
⟍ *7494*	⟋ *7501*				
· *Écru*	× *7108*				
ı *7724*					

DMC	□ *Blanc*	× *7666*	⁄ *7725*	ı *7463*	*Quart de point (bouche et yeux) :*	╲ *7106*		· *7594*
Laine Colbert	● *Noir*	∧ *7318*	+ *7465*		● *Noir*	+ *7465*	ı *7463*	■ *7169*

DMC	☐ *Blanc*	× *7666*	⁄ *7465*	*Quart de point (bouche et yeux) :*			− *7146*	× *7666*
Laine Colbert	● *Noir*	∨ *7725*	׀ *7463*	● *Noir*	+ *7292*	╲ *7501*	z *7938*	

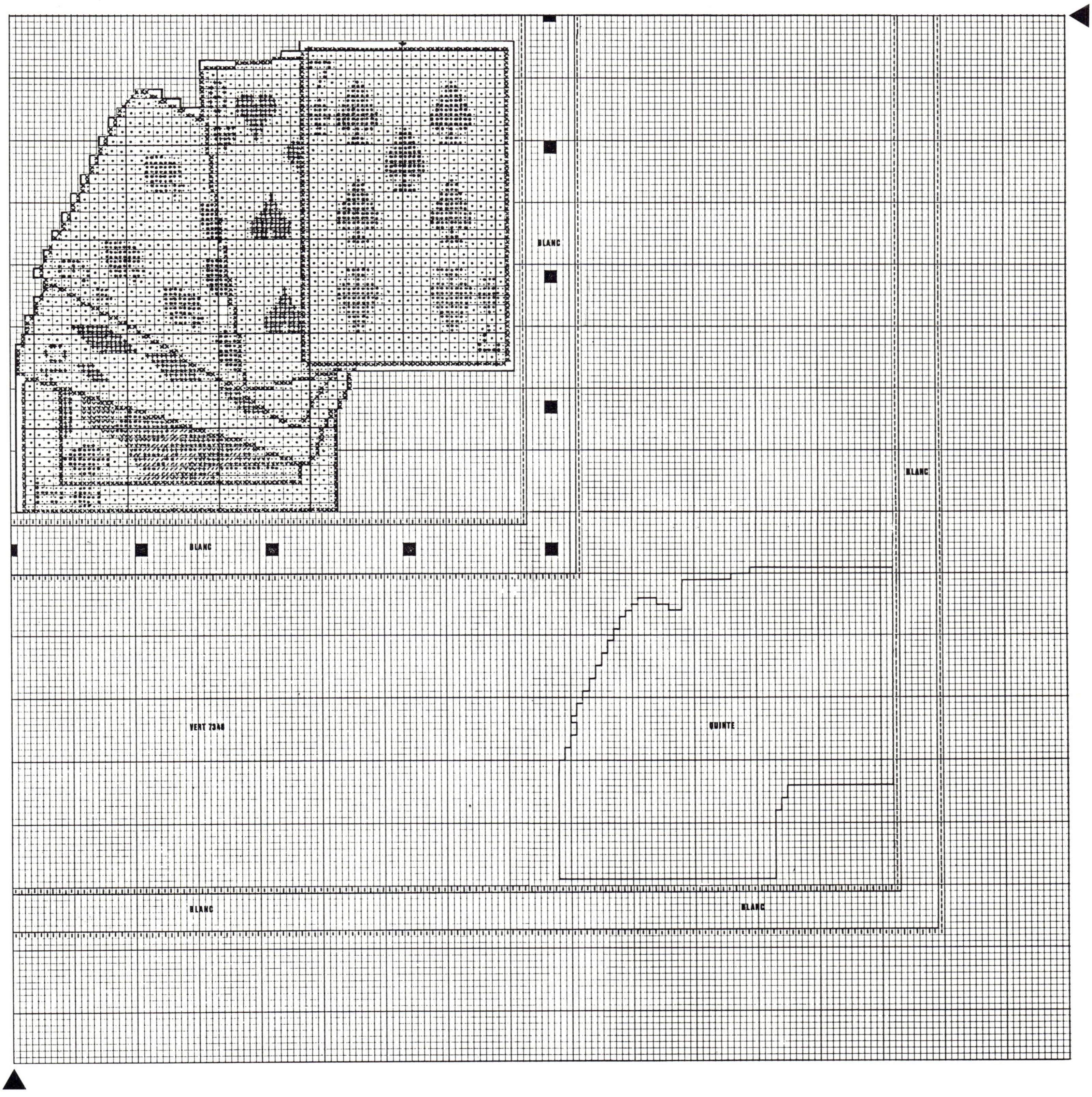

DMC □ *7348* | *7427*
Laine Colbert ■ *7666*

Quinte (quart de point) :
● *Noir* + *7108* × *7626* ∨ *7783* ⁄ *7802* · *Blanc* □ *7348*

Demi-point :
· *Blanc*

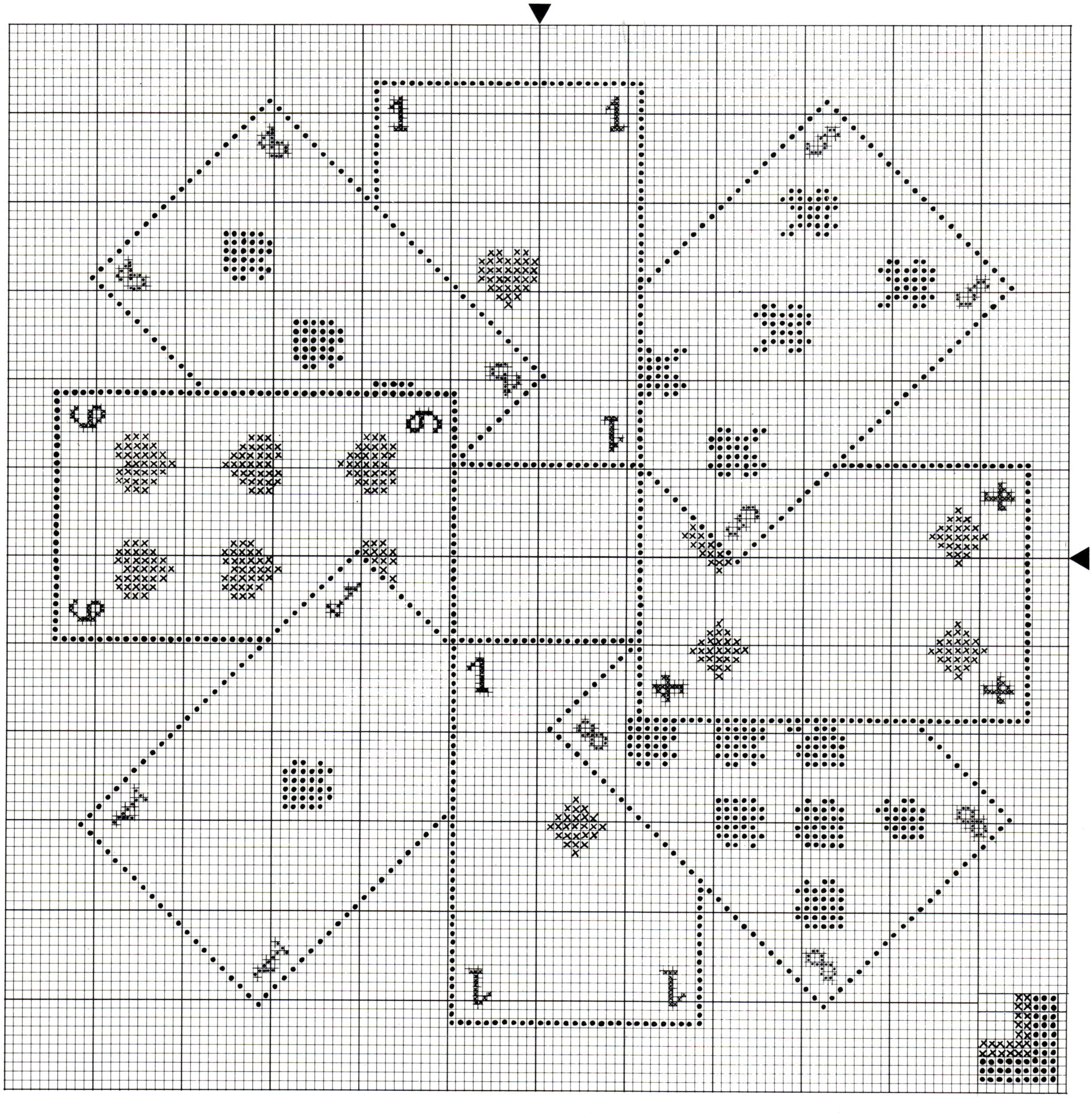

DMC Laine Colbert — *Fond de l'ensemble :* □ *7385* — *Cartes :* □ *7500* × *7108* ● *Noir* — *Bordure :* × *7108* ● *Noir*

DMC
DMC
15
7681
7680
7679
16
7584
7583
7364
7393
17
7470
7351
7549
7548
7547
18
7772
7771
7770
7769
7768
7890
7340
786
785

Technique

■ Voici tout le matériel dont vous aurez besoin pour broder : canevas, laines, aiguilles et ciseaux... Installez-vous près d'une fenêtre afin de profiter de la lumière du jour, tellement plus agréable pour travailler.

Ceux qui n'auraient pas encore goûté aux joies du petit point n'ont aucune excuse pour ne pas s'y essayer au plus vite. En effet, il suffit d'un seul point pour réaliser la plupart des ouvrages de ce livre, et même si vous vous attaquez de front aux trois points expliqués ici, vous verrez que vous les aurez rapidement maîtrisés. Vite apprise et vite dominée, la technique de la tapisserie au petit point permet d'entrer d'emblée dans le domaine de la création.

On peut tout d'abord reprendre un motif existant et le modifier en jouant sur les couleurs, ou en changeant l'échelle sur le canevas habituel, ou encore, par exemple, choisir de l'exécuter sur un canevas Smyrne (canevas double fil très large). Soyez aventureux dans le choix de vos couleurs et de la taille du canevas, car c'est là le premier pas vers la création pure et, même si vous n'êtes pas tout à fait satisfait de votre première tentative, vous tirerez bientôt les fruits de vos expériences.

La seconde étape à franchir est de créer son propre motif, et là, les sources d'inspiration sont infinies : papiers peints, tissus, coupures de journaux, reproductions de tableaux, photographies, ou encore un pêle-mêle de toutes sortes de motifs ou de sujets agencés selon votre fantaisie.

Si vous savez dessiner, c'est le moment d'utiliser votre don, car la tapisserie n'est autre qu'une multitude de points qui, ensemble, forment une image contenant les plus fins effets de relief. Les laines constitueront votre palette, votre aiguille fera office de pinceau ; mais comme les plus grands artistes, il serait sage d'effectuer d'abord une esquisse, ou mieux, le sujet finalisé, afin de l'adapter à votre canevas.

Reproduire un dessin sur le canevas

• Votre document original doit avoir la dimension exacte de la tapisserie que vous désirez réaliser : pour cela, utilisez une photocopieuse pour en augmenter ou en réduire la taille.

• Marquez le centre de votre document, puis placez dessus une feuille de calque épaisse et tracez les contours des motifs ; comparez votre calque avec l'original et vérifiez le tracé. Ensuite, repassez les contours au feutre noir, marquez le centre et tracez quatre lignes à l'équerre pour encadrer votre dessin.

• Placez une feuille de papier blanc sur votre table de travail, et posez dessus votre calque et le canevas ; ce dernier doit être plus grand de 5 cm environ tout autour. Vérifiez que le centre du canevas se trouve au centre du dessin et fixez-les ensemble avec du ruban adhésif. Vous devez voir le tracé du calque à travers les trous du canevas.

• À l'aide d'un feutre fin, reproduisez le dessin sur le canevas et vérifiez ensuite que vous n'avez oublié aucun détail.

• Choisissez ensuite les laines que vous utiliserez, et les couleurs de peinture acrylique (diluable à l'eau) chargées de les représenter sur le canevas. (Il n'est pas nécessaire que le ton soit exactement identique, l'important pour vous est de définir parfaitement les équivalents de couleurs entre la peinture et la laine.)

• Préparez votre peinture acrylique en la diluant à l'eau afin qu'elle soit suffisamment liquide pour ne pas obstruer les trous du canevas.

Cette méthode de reproduction demande une grande habileté :

– le maniement de la peinture et du pinceau exige une certaine expérience ;

– vous devrez adapter les contours en respectant les paliers imposés par la grille que constitue le canevas ; une courbe devra donc être simulée par des lignes croissantes ou décroissantes de points, décalées les unes par rapport aux autres ;

– une grande variété de couleurs pourrait rendre le dessin trop difficile à lire.

Cependant, votre travail de broderie sera facilité par la présence des couleurs directement sur le canevas.

Le matériel

C'est bien connu : un bon ouvrier doit avoir de bons outils. La chaise dans laquelle vous êtes assis, la lumière qui vous éclaire, tout votre environnement est important, car le plaisir de faire de la tapisserie est aussi celui de la détente et du confort d'être chez soi dans son cocon. Alors faites-vous plaisir !

Canevas

Il existe plusieurs sortes de canevas, mais les ouvrages dont nous vous donnons les dessins sont à réaliser sur le canevas Pénélope (double fil) n° 20 de DMC. Vous pourrez le trouver dans toutes les bonnes merceries ou dans les grands magasins, comme d'ailleurs le reste des fournitures dont nous vous donnons la liste ici. Ce canevas existe en deux couleurs : blanc ou « antique ». Vous le choisirez en fonction de la couleur de votre fond : il peut arriver en effet que la trame du canevas se voie si vos points sont trop serrés, ou si vous décidez de tapisser un meuble avec des angles. Or, plus le contraste de couleur entre la laine et le canevas est évident, moins le résultat est heureux. Bien entendu, libre à vous de reproduire les motifs de Casa Lopez à une échelle différente, par exemple sur un canevas Smyrne, dont les mailles sont plus grandes que celles du canevas Pénélope, à condition d'utiliser laines et aiguilles appropriées.

Laines

Ce sont les laines Colbert DMC que vous achèterez sous forme d'échevettes. C'est un fil 100 % pure laine vierge traitée antimite ; la gamme de couleurs ne comporte pas moins de 460 coloris.

Aiguilles

Les aiguilles à tapisserie ont une forme bien particulière : elles sont longues, fortes et sans pointe, avec un chas allongé. Celles que nous avons utilisées pour les tapisseries de Casa Lopez sont de taille n°16/18.

Cadres et métiers

Voilà un équipement dont certains vous diront qu'il est indispensable et d'autres qu'il est inutile ! Toutefois, pour les ouvrages de grande taille, un métier vous fournira sans aucun doute un support de travail plus confortable : la déformation du canevas sera limitée, il sera plus facile à manier et vous éviterez de le salir. Il est vrai aussi que le travail est plus long lorsque l'on brode avec un métier ou un cadre. Cet équipement va du petit tambourin de broderie au métier sur pied, en passant par le cadre, à fixer ou non sur une table.

Autres fournitures

Si vous avez l'habitude de coudre avec un dé, vous pouvez tout à fait en utiliser un, bien qu'il ne soit pas indispensable étant donné la taille et l'épaisseur de l'aiguille. Il vous faudra bien entendu une paire de ciseaux, un pique-aiguille afin de préparer vos aiguillées (voir plus loin Conseils pour travailler), du ruban adhésif ou du biais avec fil et aiguille à coudre, un crayon noir et une gomme pour la préparation du canevas (voir ci-dessous La reproduction du motif). Tout ce matériel mérite une jolie boîte à ouvrage que vous aurez plaisir à transporter avec vous, et qui vous rendra la tâche plus facile si elle comporte des petits compartiments dans lesquels chaque élément trouve sa place.

La reproduction du motif à l'aide d'une grille à points comptés

Voici quelques années maintenant que Casa Lopez propose des tapis et des ouvrages aux motifs attrayants et variés, et ce livre a voulu donner à chacun la possibilité de les reproduire facilement et fidèlement à partir de canevas vierges.
Vous avez trouvé, dans les pages qui précèdent, des grilles dites « à points comptés » : chaque carré de la grille représente sur le canevas l'intersection d'un double fil horizontal et d'un double fil vertical. Ces sortes de batailles navales seront votre outil de travail de base et il est très important de bien comprendre comment les utiliser. Elles sont accompagnées d'une légende associant les signes imprimés aux références de la laine Colbert DMC.

Méthode et conseils

• Après avoir coupé (bien droit !) votre canevas à la taille requise – c'est-à-dire la taille du motif plus 5 cm de chaque côté –, il vous faut arrêter le canevas pour qu'il ne s'effiloche pas, et pour cela maintenir les bords au moyen d'une bande adhésive ou d'une bande de tissu cousue à cheval.

• Pliez ensuite le canevas en deux verticalement, puis de nouveau en deux, mais horizontalement, de manière à le diviser en quatre parties égales. À l'intersection de ces deux plis où se croisent deux doubles fils du canevas, se trouve le centre de votre ouvrage et celui du motif.

• Marquez ce point de repère important à l'aide d'un crayon noir : c'est là que vous donnerez votre premier coup d'aiguille. De même, marquez le centre du motif choisi en traçant deux diagonales sur la grille.

• Toujours au crayon, tracez sur le canevas deux lignes, l'une verticale, l'autre horizontale, sur les plis formés et indiquez le haut de votre ouvrage sur la bande de protection que vous aurez collée ou cousue.

• Maintenant, reportez-vous à la grille du motif, et comptez les carrés qui séparent le centre de la grille du bord supérieur ; comptez le même nombre d'intersections de fils sur le canevas à partir du centre, et tracez une ligne horizontale.

• Faites de même pour les quatre côtés de l'ouvrage et vous aurez ainsi délimité votre champ d'opération.

Vous pouvez ensuite, pour vous faciliter la tâche, jalonner votre canevas de lignes horizontales et verticales tracées au crayon noir à intervalles réguliers, reproduisant les lignes de la grille imprimées en caractère gras.
Une fois ces travaux préliminaires effectués, on peut enfin s'attaquer à l'ouvrage proprement dit et commencer à broder. Exécutez le premier point au centre, puis progressez de proche en proche en vous repérant d'après les couleurs du canevas.

Les points

La plupart des motifs proposés sont réalisés grâce à deux points de base qui ont le même aspect sur l'endroit, mais s'exécutent différemment.

Le demi-point *(fig. 1, 2, 3)*
Il s'agit du demi-point de croix. On l'obtient en piquant l'aiguille en diagonale de bas en haut et de gauche à droite, et en ressortant l'aiguille en dessous du point d'entrée. Après avoir effectué un rang horizontal, on revient au rang du dessous en effectuant le même point, de droite à gauche et de haut en bas cette fois.

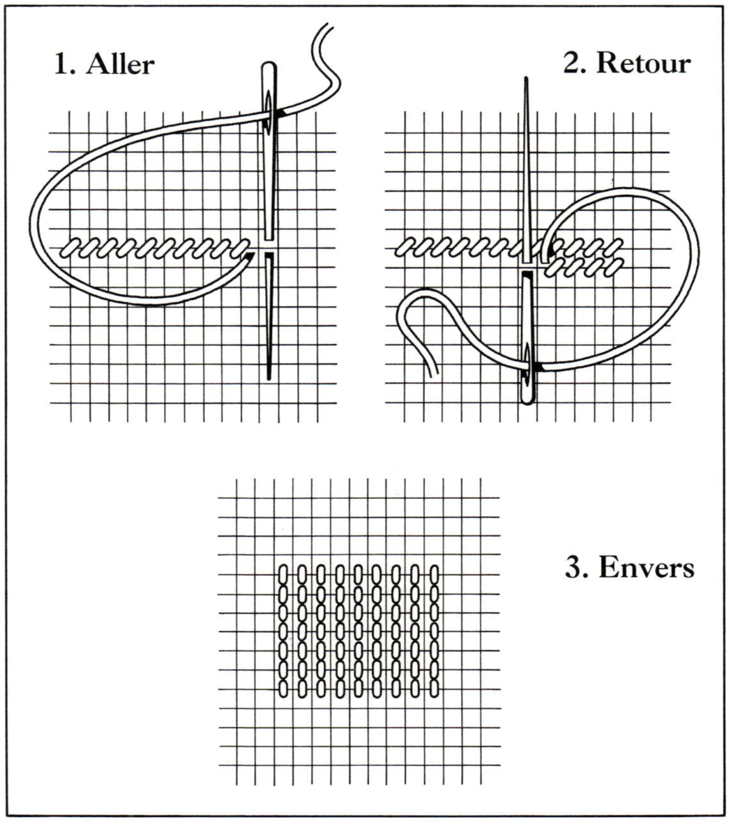

Le petit point *(fig. 4, 5, 6)*
On l'appelle également point de Saint-Cyr, du nom de la maison d'éducation créée par madame de Maintenon et où les jeunes filles excellaient dans l'art de la broderie sur canevas. Celui-ci se travaille en rangs obliques : d'abord, de gauche à droite, effectuez un point de bas en haut et ressortez l'aiguille deux rangs plus bas, et ainsi de suite jusqu'à la fin du rang, puis continuez en remontant de droite à gauche avec la même méthode, toujours en diagonale. Cette technique présente deux avantages importants par rapport au demi-point : elle fournit à votre ouvrage une base plus solide, ce qui est particulièrement important si vous désirez en tapisser un meuble ; elle permet de compenser la tension naturelle que l'on exerce par le fil sur le canevas. Bien entendu, il faut une certaine surface pour utiliser cette dernière technique. C'est pourquoi on préfère utiliser les deux méthodes en alternance : le demi-point pour les motifs et le petit point pour les fonds.

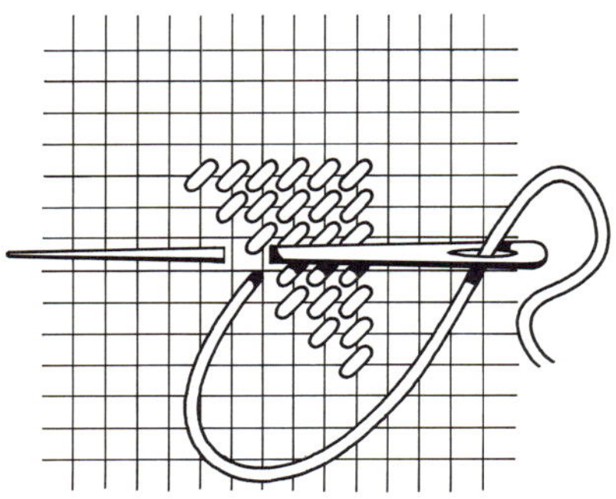

4. Montant

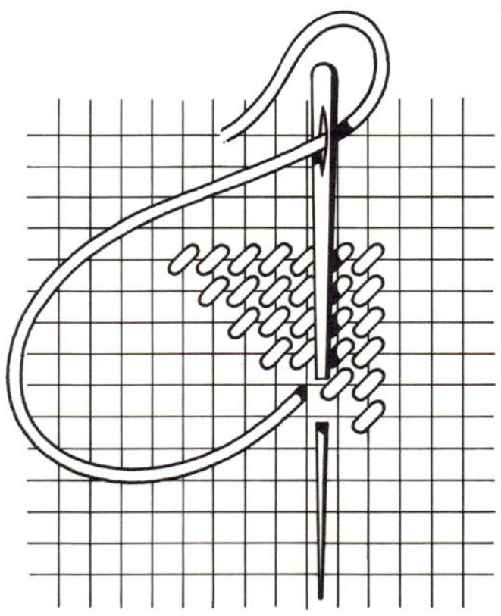

5. Descendant

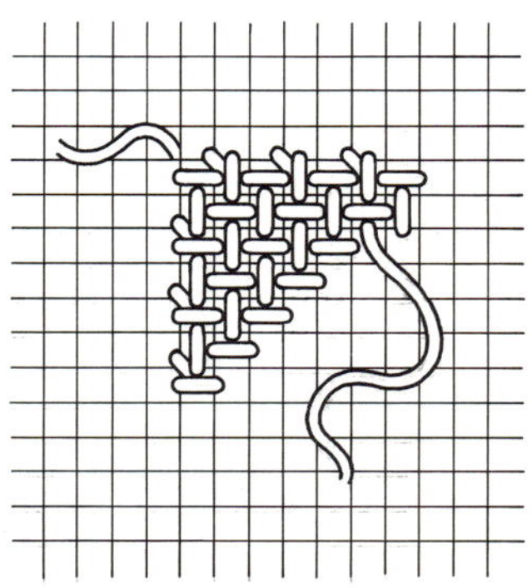

6. Envers

Le quart de point
Vous remarquerez que certaines grilles (le roi et la reine du jeu de cartes, par exemple ; voir p. 160 et 162) font apparaître des détails particulièrement fins : on trouve alors quatre cases dans la surface occupée habituellement par une case. Sur votre ouvrage, cela se traduit également par un changement de l'échelle de travail : il vous faut faire apparaître une portion de canevas unifil sur laquelle vous broderez quatre fois plus de points, c'est ce que l'on appelle le quart de point. Vous devez, pour travailler au quart de point, dédoubler votre fil de laine et utiliser une aiguille fine ; il faut aussi réduire considérablement la longueur de vos aiguillées, car le fil étant plus fin, il s'use plus vite.

CONSEILS POUR TRAVAILLER

PRÉLIMINAIRES

Avant de vous atteler à l'ouvrage, il vous faut préparer votre canevas comme nous l'avons indiqué auparavant, dans le paragraphe concernant la reproduction du motif (voir plus haut, p. 169). Une fois cette tâche minutieuse accomplie, vous pouvez préparer vos aiguillées : une aiguille par couleur ; vous profiterez mieux de votre ouvrage et pourrez ainsi, à la fin de chaque aiguillée, changer de couleur au gré de votre humeur. N'utilisez pas d'aiguillées trop longues (dites « de paresseuse »!) : elles ne feraient en réalité que vous freiner car elles sont plus difficiles à manier (45 cm à 50 cm au maximum). Et puis, avant de commencer à travailler, un conseil : ayez les mains propres !

DÉBUT ET FIN D'AIGUILLÉE

Vous avez sans doute déjà observé de près un travail de broderie, et remarqué que l'envers est aussi net que l'endroit. À cela, deux raisons principales : il n'y a pas de nœuds ni de petits fils qui traînent.
Pour démarrer la première aiguillée, plantez l'aiguille du bas vers le haut et tirez sur l'aiguille jusqu'à ce qu'il ne reste qu'environ 5 cm de fil sous le canevas ; enfermez ensuite ce brin de laine dans trois ou quatre points *(fig. 7)*, et votre fil sera bloqué. Pour les aiguillées suivantes, il suffit de faire passer le fil sous quelques points à l'envers du canevas avant de commencer à broder.
De même, à la fin d'une aiguillée, passez votre aiguille sous quelques points (environ 6) sur l'envers du canevas et coupez le fil suffisamment loin du canevas pour s'assurer de sa tenue, et suffisamment près pour qu'il ne vous gêne pas dans l'exécution des points suivants *(fig. 8)*.

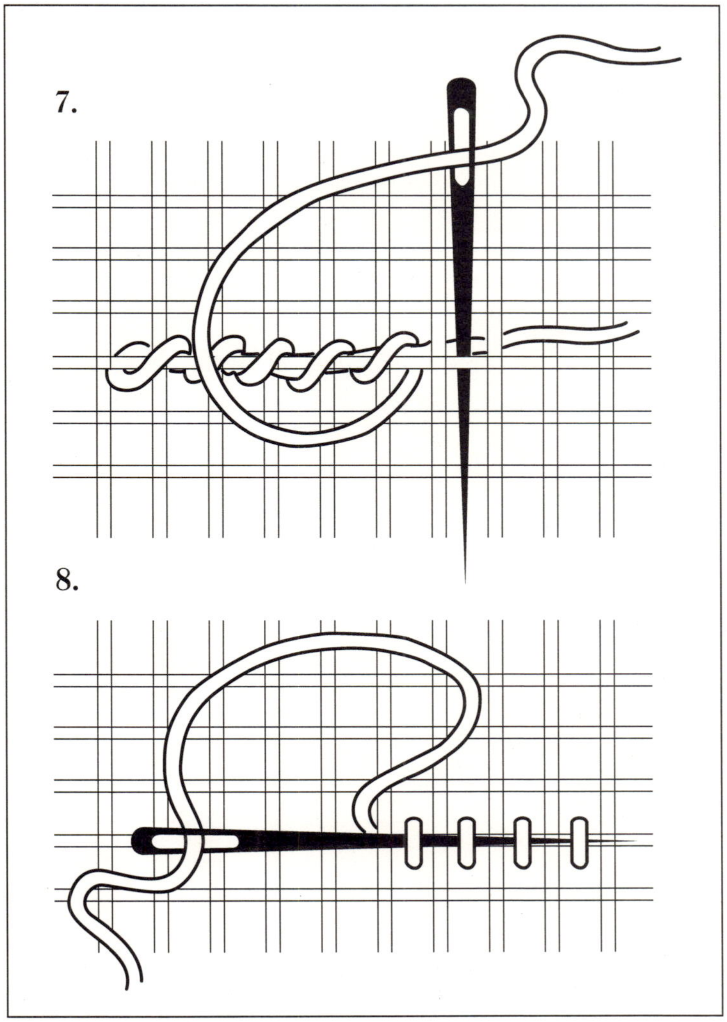

Tâchez d'utiliser chaque aiguillée jusqu'au bout. Vous devrez donc sauter parfois quelques mailles du canevas pour retrouver la même couleur un peu plus loin. Si cet espace est déjà brodé, faites passer votre fil sous quelques points ; cependant, s'il y a trop de distance à franchir, il est préférable de terminer votre aiguillée et d'en utiliser le reste ailleurs.

La tension du fil et la déformation du canevas

La tension du fil doit être aussi régulière que possible afin d'assurer une certaine harmonie d'ensemble et d'éviter que l'ouvrage, une fois terminé, ne soit déformé. C'est également pour cela qu'on ne doit pas faire de nœuds dans un ouvrage de broderie : ils déformeraient les fils de trame. Pour éviter que le fil ne s'enroule, lancez toujours le fil du côté opposé à la progression ; ou, si une trop grande torsion s'est accumulée, renversez votre canevas et faites pendre le fil qui, avec le poids de l'aiguille, retrouvera sa position d'équilibre.

Défaire des points

Si vous n'êtes pas satisfait des quelques points que vous venez de broder, n'hésitez pas un instant à les refaire, car ils rompraient l'harmonie de votre travail. Il peut aussi s'agir d'une simple erreur de laine et, lorsque vous utilisez trente couleurs dans un ouvrage, dont certaines en camaïeu, cela risque fort de vous arriver. Pour défaire des points, utilisez votre aiguille et glissez-en le chas sous le point pour ensuite tirer sur le fil ; faites cela point par point, à l'envers du canevas puis à l'endroit. Ne laissez pas quelques malheureux points gâcher un travail par ailleurs bien fait. Et surtout, ne réutilisez pas le fil usagé.

Chronologie du travail

Les brodeurs se partagent en deux écoles sur le sujet ; certains travaillent à partir du centre vers l'extérieur. D'autres partagent leur ouvrage en quatre parties : les droitiers exécutent en premier lieu la partie supérieure droite, puis chacune des autres dans le sens des aiguilles d'une montre. Les gauchers démarrent en haut à gauche et tournent dans l'autre sens. Cette dernière méthode est particulièrement conseillée pour les grands ouvrages, car elle permet de rouler la partie du canevas sur laquelle on ne travaille pas, et de la garder ainsi à l'abri des taches. Quelle que soit la chronologie que vous adoptiez, exécutez les détails en premier lieu, puis les fonds.

Finition et utilisation

Un bel exemple de finition : ce fauteuil a été recouvert du motif Traviata dans le goût désuet du siècle dernier. Un patron aux dimensions de l'assise et du dossier a permis d'en reproduire les formes découpées sur le canevas. Les accoudoirs ont été réalisés dans un fragment du motif adapté à leur taille.

REDRESSER UN CANEVAS DÉFORMÉ

Votre ouvrage, si soigneusement fait soit-il, se déformera probablement en cours de travail, surtout si vous n'utilisez pas de métier. Tout d'abord, repassez-le à l'envers avec une pattemouille : il s'étire plus facilement et du même coup, vous atténuez les différences éventuelles entre les points dues à une tension du fil plus ou moins forte. Pour le redresser, utilisez une planche en bois plus grande que l'ouvrage, et placez celui-ci à l'envers sur la planche. Tendez-le bien afin d'en rétablir la forme et fixez-le d'équerre avec des petites pointes ou des punaises ou encore des agrafes à travers la bande de protection que vous aurez collée ou cousue : commencez par les quatre coins, puis fixez chaque bord tous les deux centimètres environ. Humectez la tapisserie ainsi fixée et laissez-la sécher naturellement ; cela peut prendre un ou deux jours. Si le canevas est très déformé, vous pouvez également utiliser la vapeur d'un fer à repasser, en prenant soin de ne pas toucher l'ouvrage avec le fer.

FINITION

Assemblage de canevas

Si vous désirez réaliser un tapis, vous devrez assembler des carrés de tapisserie, et pour cela, la première chose à faire est de vous assurer qu'ils ont exactement la même taille, autrement dit le même nombre de points. Ceci sera plus facile à vérifier une fois que vous aurez redressé les ouvrages concernés comme indiqué auparavant. Prenez soin également de vérifier que tous les carrés ont été brodés dans le même sens.

Il existe deux méthodes pour assembler des carrés :

• Rapprochez les deux carrés sans laisser aucune marge de canevas vierge et fixez-les l'un à l'autre au point de surjet serré en piquant entre chaque point de tapisserie de chaque côté. Utilisez pour cela un fil à coudre solide.

• Vous pouvez également assembler deux canevas en rajoutant un rang de demi-point après avoir rapproché les canevas en les pliant juste au prochain double fil après le dernier demi-point. Ce rang de demi-point se trouve donc à cheval sur les deux canevas.

– Quelle que soit la méthode employée, assemblez les carrés en bandes puis assemblez les bandes ainsi obtenues.

– Coupez l'excédent de canevas vierge sur l'envers, en particulier dans les coins, et aplatissez les coutures au fer à repasser.

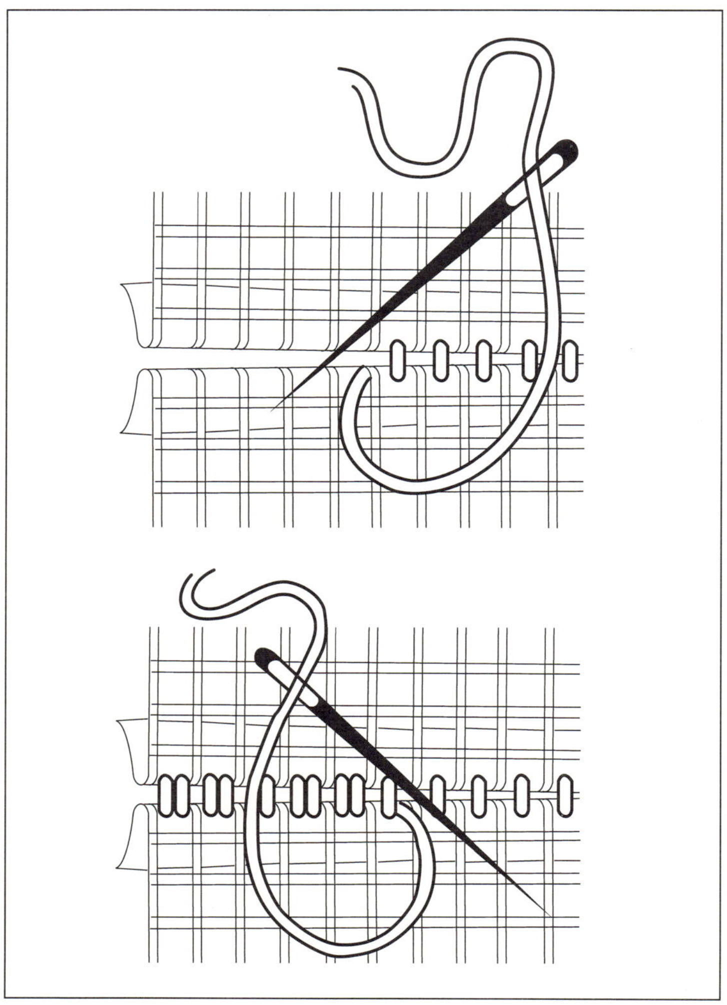

Doublure

Le tissu que vous choisirez pour doubler votre ouvrage dépend entièrement de l'utilisation que vous en ferez ; voyez plus bas quelques-unes des finitions qui vous sont suggérées et, avec elles, les doublures appropriées.

– Coupez la doublure à la taille du canevas tel quel, c'est-à-dire la taille du motif plus 5 cm tout autour.

– Posez la doublure endroit contre endroit sur la tapisserie.

– Épinglez perpendiculairement la doublure au canevas.

– Cousez au point arrière ou à la machine le long des bords, au plus près de la broderie en laissant un espace ouvert.

– Coupez l'excédent de canevas et de doublure au-delà de la couture ; coupez les coins en diagonale.

– Retournez et terminez au point glissé.

Si l'ouvrage que vous doublez est de grande taille, s'il s'agit d'un tapis par exemple, il est conseillé, avant d'assembler canevas et doublure sur tout le tour, d'exécuter des points de sûreté espacés sur une ligne centrale verticale et une ligne centrale horizontale. Ceux-ci serviront à maintenir fermement les deux parties sur toute la surface ; c'est ce que l'on appelle baguer une doublure.

Utilisation

Les possibilités d'utilisation de la tapisserie à l'aiguille sont aussi variées que celles d'un tissu. Elle trouvera sa place partout dans la maison et embellira votre décor de façon originale et très personnelle : vous pouvez décider d'en habiller vos fenêtres par un lambrequin, une bordure de rideau ou encore des embrasses, d'en tapisser un siège, de la monter en tableau, et pourquoi pas en abat-jour, en chausson, en étui à lunettes...

Nous avons retenu ici quelques utilisations, les plus appropriées aux motifs de ce livre, et aussi les plus faciles à réaliser.

Tapis

– Si le tapis est destiné à une surface glissante (parquet, carrelage), il est préférable de le doubler avec une toile de jute ou de lin que l'on bague au tapis. Compte tenu de la dimension de l'ouvrage, vous serez plus à l'aise pour travailler si vous vous installez sur le sol où vous pourrez facilement étendre et superposer le tapis et la toile. Procédez ensuite comme indiqué pour une simple doublure.

– S'il doit reposer sur une moquette, il n'est pas nécessaire de le doubler car il glissera peu. En revanche, il est conseillé, pour en assurer la tenue, de poser une tresse de tapissier tout autour de l'envers du tapis. On peut également coudre cette même tresse sur l'envers de chaque ligne d'assemblage des carrés afin de protéger les coutures.

Coussin

La doublure d'un coussin est importante car elle se voit presque autant que la tapisserie. Elle doit la mettre en valeur et être en harmonie avec les couleurs du motif. La tradition a souvent imposé le velours pour doubler les coussins au petit point, mais cela leur donne un aspect un peu trop vieillot et protocolaire, et ne sera en tout cas pas de circonstance pour les motifs aux couleurs particulièrement fraîches. Une soie ou un coton épais feront merveille au dos d'une tapisserie, car ce sont des tissus de qualité, à la mesure de l'endroit du coussin ; de plus ils existent dans une vaste gamme de couleurs, vous offrant ainsi un choix intéressant de coordonnés, si vous envisagez par exemple une profusion de coussins sur un canapé.
Pour monter un coussin, procédez comme indiqué pour une doublure, mais ne fermez que trois côtés, le dernier servant à introduire le rembourrage du coussin. Terminez le dernier côté au point glissé.
Si vous aimez la passementerie, en voilà un support idéal : les cordes que l'on peut acheter dans le commerce rivalisent en qualité et en effets de couleurs, et elles finiront votre coussin avec noblesse. On assemble la corde au coussin en la cousant à la main sur tout le tour à l'aide d'une aiguille incurvée. Commencez à l'extrémité du côté laissé ouvert en rentrant le bout de la corde à l'intérieur du coussin : fixez la corde sur tout le tour sans la tirer mais en la laissant souple. Rentrez l'extrémité de la corde à l'intérieur du coussin à côté de la première et cousez les deux ensemble aussi discrètement que possible.
Vous pouvez aussi utiliser un simple passepoil : celui-ci se fixe entre la tapisserie et la doublure, la bordure du passepoil étant prise dans la couture.

Tableau

Si le canevas est de petite taille, il suffit de le monter sur un carton rigide, de rabattre les bords sur l'envers, et de les coudre.

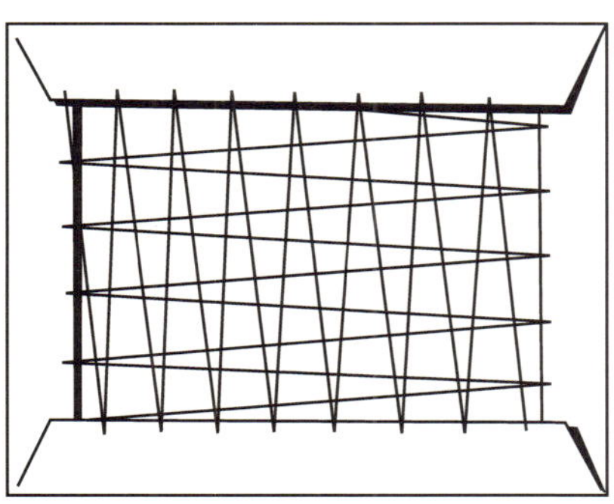

En revanche, s'il s'agit d'un ouvrage de grande taille, il est préférable de le monter sur un châssis en bois comme ceux que les peintres utilisent. Il vous faut alors broder quelques rangs supplémentaires pour couvrir l'épaisseur du châssis mais en omettant les angles afin que l'on puisse facilement replier le canevas sur les coins du châssis. Fixez le canevas sur l'envers du châssis avec des petites pointes.

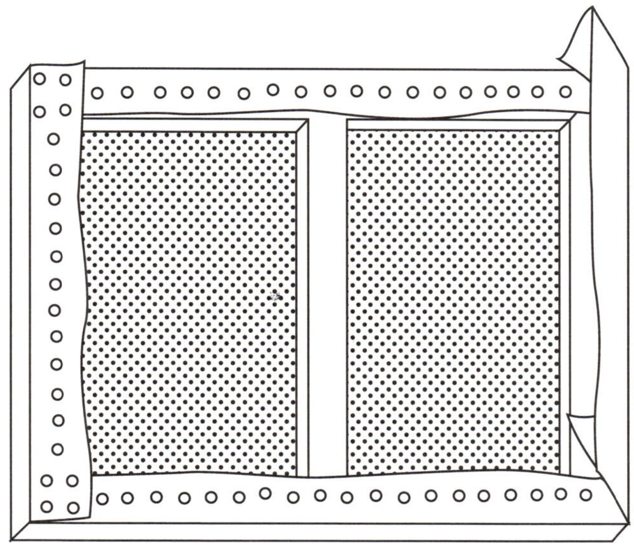

Siège

Vous devrez adapter votre ouvrage à la forme du siège, et pour cela créer un patron qui la reproduira. Le plus simple est de le faire réaliser par le tapissier qui recouvrira le siège, car il vous indiquera la surface exacte à broder en tenant compte de son travail. Une autre manière de procéder est de vous fier à la taille du tissu qui recouvrait le siège et que vous voulez remplacer, en n'oubliant pas, s'il y a lieu, de rajouter quelques centimètres pour autoriser la place d'un rembourrage neuf.
Lorsque vous aurez votre patron en main et que vous déciderez d'un motif, celui-ci ne sera peut-être pas de la taille requise. Il faudra alors jouer sur le fond en le diminuant ou l'augmentant, ôter une bordure ou au contraire en inventer une, changer la taille du canevas sur lequel vous travaillez d'habitude, ou encore changer l'échelle du motif.

Tapis de table

Le motif Bridge (voir p. 163) est destiné à servir de tapis de jeu sur une table de bridge. La doublure la plus appropriée dans ce cas sera une flanelle ou une feutrine épaisse. On peut y ajouter une astuce intéressante de finition : une bande élastique placée en diagonale dans chaque coin qui permet d'accrocher le tapis à la table afin qu'il ne glisse pas.

Accessoires

Benita Kusel (Pochoirs)

Le Cèdre rouge (Accessoires de jardin)

Geneviève Fallis (Trompe-l'œil)

Gros Ours de Braban (Banc)

Jardins imaginaires (Mobilier en vannerie)

Liliane François (Fleurs)

Marianne Robic (Fleurs)

Marie-Christine de La Rochefoucault (Tabouret, livres)

Molin (Faïencerie)

Olivier Desforges (Linge de maison)

Pierre Frey (Tissus)

Ramuncho de Saint-Amand (Fresque)

Summertime (Accessoires de décoration)

Sur le port, à Ars (Antiquités)

Tectona (Banc)

Wedgwood (Porcelaine)

Stylisme des prises de vue : Marina Lesueur
Dessins techniques : réalisation DMC

Boutiques Casa Lopez :

32-36, galerie Vivienne, 75002 Paris

27, boulevard Raspail, 75007 Paris

58, avenue Paul-Doumer, 75016 Paris

Laines, canevas et fournitures DMC disponibles dans toutes les merceries, dans les boutiques Imagine et les grands magasins.

Conception graphique et réalisation : Hugues Cornière

Photogravure : Arciel Graphic
Achevé d'imprimer en janvier 1995
1re édition - 4e tirage
Dépôt légal : 2e trimestre 1994
Impression et reliure : Pollina s.a., 85400 Luçon - n° 67041

DMC
7773
7914
7547